Patrick Keil
En collaboration avec Jean-Michel Lepreux

DU BARREAU AUX BARREAUX

Collection « Coup de gueule »

Jean-Claude Gawsewitch Éditeur

130, rue de Rivoli
75001 Paris
www.jcgawsewitch.com
ISBN : 978-2-35013-205-1

DU BARREAU
AUX BARREAUX

À mes enfants,
Louis, Camille et Manon.

Préface

Le Petit Procureur

C'est *Le Parisien* qui nous apprend, sous la signature de Geoffroy Tomasovitch, qu'on le surnommait comme cela, notre collègue Patrick Keil. Celui-ci a comparu le 13 juillet devant le Conseil supérieur de la magistrature (CSM) et sa révocation a été requise par le ministère de la Justice.

On nous reproche notre corporatisme et je crois, la plupart du temps, qu'on a raison. Mais nous nous penchons sur nous-mêmes en tant que corps, nous nous défendons collectivement, nous constituons le gros du troupeau et les brebis perdues ne nous intéressent pas. Le singulier défait ne nous touche guère quand le pluriel offensé nous sollicite vivement.

Je ne connais pas Patrick Keil, mais en lisant cet article sur lui dans *Le Parisien*, dont le titre sans nuance est déjà un récit à lui seul : « La déchéance d'un magistrat à la dérive », j'ai pensé à sa solitude, à la détresse qui devait être la sienne, à l'heureuse présence d'un avocat auprès de lui – je vais finir par définir l'avocat comme l'homme ou la femme qui est tout simplement là pour manifester la plus élémentaire solidarité, celle des respirations, des attentes, des angoisses et des espérances –, à ses retours inévitables dans le passé et à sa vision sombre de l'avenir.

Les romans qui narrent des déchéances ou d'irrésistibles ascensions m'ont toujours passionné. Parce qu'ils parviennent à rassembler en un seul personnage emblématique les aléas, les infortunes ou les triomphes d'une existence. Cette mobilité du destin est fascinante. Les mauvaises rencontres, l'alcool, le désir d'argent, la faiblesse de l'être y ont leur part. On lit en frémissant ces pages qui nous protègent des malheurs en nous y plongeant.

Préface

Le Petit Procureur. En charge du dossier Festina à Lille, magistrat respecté, il se retrouve au parquet de Montpellier où l'alcool, la fréquentation d'un dentiste indélicat, les suites très douloureuses d'un divorce l'ont conduit apparemment vers le pire aussi bien sur le plan professionnel que personnel. C'est une destinée qui appelle la compassion en même temps qu'elle emportera une sanction. C'est normal. Est-il permis pour un tiers, même magistrat, de mêler dans un billet un sentiment de fraternité attristée à l'égard de cet homme et de nécessaire rigueur à l'encontre du professionnel ?

Le Petit Procureur. Que deviendra-t-il plus tard ?

Philippe Bilger

Avant-propos

Pourquoi ce livre ? C'est le 13 mars 2009, soit sept mois après mon incarcération et quatre mois après ma libération, que je me suis décidé à écrire. J'avais commencé à coucher sur le papier ce témoignage depuis la cellule que j'ai occupée à la prison de la Santé. Mais tout était *ab irato*, sous le coup de la colère... Symbolisme exquis, il était dit que rien de bon ne pouvait sortir de ces murs lépreux.

Écrire à mes enfants, qu'ils sachent ! Écrire pour moi-même, extirper du plus profond de moi-même l'alfa et l'oméga de cette étrange affaire, n'en retenir que les aspects constructifs parce qu'humains.

Enfin, écrire aux autres pour narrer, décrire et expliquer comment un juge d'instruction devenu substitut du procureur de la République, pour avoir agi selon sa conscience et contre l'avis de sa hiérarchie, se retrouve en prison. Dix ans plus tard. Sous le prétexte d'une prétendue corruption « découverte » par une pièce à conviction falsifiée…

Tout cela pour avoir involontairement mis à mal la plus grande institution sportive, comprenez la plus belle poule aux œufs d'or qui s'appelle le Tour de France. Pour avoir cru que les seringues pouvaient provoquer des crevaisons aux roues des vélos. Pour empêcher que des gamins adeptes du cyclisme n'essaient d'aller plus vite en prenant autre chose que de l'eau ou des jus de fruits.

Se rendre compte qu'il suffit de s'asseoir de l'autre côté du bureau pour que se révèle brutalement une vérité invisible durant mes dix-huit années de magistrature.

Des brimades et complexes de l'enfance aux coups tordus du milieu professionnel, pour se retrouver un matin sans domicile fixe et pauvre comme Job.

Les hommes qui rendent la justice, les hommes qui subissent la justice, d'autres hommes qui tentent de s'emparer de la justice, tout cela constitue un système de moins en moins... humain.

Il ne se passe plus une semaine sans que, d'entrefilets en quatorzième page pour les journaux bien-pensants aux manchettes des rares journaux un tant soit peu contestataires, la réforme de la justice affiche et annonce des aménagements liberticides.

Même la grippe H1N1 sera prétexte à durcissement. C'est dire...

J'étais un magistrat, je suis Patrick Keil. Et j'existe.

1

La garde à vue

« La journée s'annonce difficile. »
Pierre-François Lacenaire

Mardi 12 août 2008. Peu avant 9 heures, je pénètre dans le hall du palais de justice de Montpellier. Déjà beaucoup de monde, des justiciables et leurs familles. Quelques fonctionnaires de police me saluent. Des avocats, la robe sur le bras, devisent gaiement ou gravement.

Je prends l'escalier qui mène aux étages. Je longe les couloirs du premier où se trouve mon bureau, au fond, dans un coin. Je croise le procureur adjoint. Contrairement à son habitude, il s'arrête, me fixe et me dit :

– Bonjour monsieur Keil, c'est vous que je cherchais. Monsieur le procureur a absolument besoin de vous voir. Une question de restructuration du service… Disons 9 h 30 ? Soyez ponctuel, monsieur Keil. Bonne journée, monsieur Keil.

À l'heure dite, je suis assis dans le bureau du procureur.

– Bonjour, monsieur Keil. Je vous en prie, asseyez-vous. J'ai le regret de vous informer qu'à compter de maintenant vous êtes placé en garde à vue.

Trois policiers surgissent de nulle part. Ils me saisissent les bras avec vigueur. Mais qui ai-je tué ? Mes droits me sont notifiés immédiatement. Je ne sais comment, je me retrouve assis, encastré entre deux malabars, dans une voiture de police. Du haut de mon mètre cinquante-sept, j'ai l'impression d'être une souris guettée par quatre gros chats, qui se pourlèchent à l'avance les babines.

Après les perquisitions d'usage à mon cabinet et à mon domicile, on m'emmène je ne sais où. Durant le trajet, des noms de personnes me sont lancés. Je m'efforce vainement d'y mettre un visage et de m'en rappeler. La plupart des noms cités sont faux ou imaginaires, j'en suis certain. On me tutoie, on me rudoie. L'entreprise psychologique de déstabilisation commence.

10 h 45. J'arrive dans les locaux du commissariat de police de Montpellier. Je suis placé en cellule de garde à vue, comme tant d'autres pour lesquels j'ordonne une telle mesure. Mais par régime de faveur, grâce au directeur d'enquête et au grand dam de certains policiers, je suis laissé dans une cellule à part, où il n'y a qu'une grande couche en bois, derrière une immense vitre. L'équipe de nettoyage n'est pas passée depuis longtemps, mais cette vitre reste transparente. J'ai l'impression d'être dans un aquarium ou un vivarium. À chaque changement de poste, les policiers en tenue se précipitent pour voir « le petit procureur ». Le chat noir dans sa cage. Je n'ai pas droit au lancer de cacahuètes.

Ces quelques mots : « Vous êtes placé en garde à vue » me firent l'effet d'un tsunami. Mes jambes tremblent, je n'ai plus de salive... Qu'est-ce que je fais ici ? « La journée s'annonce vraiment difficile. » Cette phrase, prononcée à l'aube du 9 janvier 1836 devant l'échafaud par

Lacenaire, ce célèbre criminel qui a fasciné Hugo et Balzac, me revient à l'esprit.

Et dire que ce jour-là je m'étais levé comme d'habitude, dehors le ciel ne m'avait jamais paru aussi bleu, les voisins aussi charmants. J'avais promené mon chien, indéfectiblement gai et affectueux. Je m'étais promis de visionner *Ludwig*, le film de Visconti, en rentrant le soir après avoir vu mes amis, de téléphoner à mes enfants, bref d'avoir une vie normale.

J'avais l'impression que, quelques heures auparavant, je me promenais à cheval dans une campagne ensoleillée, où le soleil apparaissait plus brillant qu'à l'ordinaire, l'herbe plus verte, les petites fleurs plus odorantes et plus belles.

Puis, tout à coup, votre monture se cabre, vous chutez à terre et il ne vous reste plus qu'un goût de cendre et de poussière en bouche.

Je suis sur un navire, je tombe à la mer, je crie, mais l'embarcation ne s'arrête pas, car elle est forcée de continuer sa route. Je disparais, je reparais, je plonge, je remonte à la surface, je plonge, je remonte à la surface. J'ai beau appeler, tendre les bras, crier, personne ne m'entend, c'est fini, je glisse, je tombe, les flots me submergent. Je suis abasourdi.

C'est curieux ce que l'automatisme dans l'exercice de nos fonctions peut effacer de nos aptitudes réflexives. Au cours de ma carrière de magistrat, j'étais amené à prendre des mesures de garde à vue, à en être informé, mais rarement, pour ne pas dire jamais, on s'interroge sur ce que peut ressentir la personne placée en garde à vue.

J'étais abasourdi mais pas étonné. En effet, je savais que, depuis le 11 juillet 2008, la personne qui pouvait éventuellement me mettre en cause avait été interpellée. Mon expérience professionnelle et mon intuition aidant, je me doutais qu'elle risquait de faire état de nos relations, si éthyliquement superficielles soient-elles. En outre, je savais, par expérience, que les relations même les plus anodines, les rapports les plus amicaux peuvent être détournés, sortis de leur contexte par des enquêteurs en mal de sensations fortes. Pourtant, je n'ai rien fait pour dissimuler, détruire quoi que ce soit.

Encore un mot. J'ai appris que l'enquête était diligentée depuis le 8 août 2008 ; or, le week-end suivant, j'étais de permanence, j'avais des relations téléphoniques avec mon supérieur hiérarchique, le même qui m'a appris ma convocation chez le procureur. Bien qu'étant au courant, il m'a laissé assumer mes responsabilités et l'audience de la veille.

Les droits m'ayant été notifiés, j'en fis usage et je pus m'entretenir avec l'avocat de mon choix. S'agissant de l'ancien avocat du dentiste concerné, j'eus le sentiment que son nom faisait « tiquer » les enquêteurs. Sur le moment, je ne pris pas garde à cette réaction, ce n'est qu'ultérieurement que je la compris. Ce point peut sembler anodin, mais il a son importance, j'y reviendrai, tant il est symptomatique de la conception et de l'utilité de la garde à vue dans l'esprit des enquêteurs.

Dans ce local, je me mis à réfléchir, me demandant comment cela avait commencé, comment j'avais pu en arriver là, car « que faire dans un gîte, à moins qu'on ne songe ? »

Dix-huit ans après mon entrée en fonction, la première réflexion me conduisait aux faits qui pouvaient m'être reprochés, mais aussi à mon parcours. Voilà donc ci-dessous mon crime exposé.

⁂

Il est vrai qu'un garçon de café qui me connaissait un peu m'a mis en relation avec un chirurgien-dentiste, lequel se trouvait là « par hasard ».

– Monsieur Keil, j'ai beaucoup entendu parler de vous. Je suis vraiment ravi de vous connaître. Je m'appelle G. P. Je suis chirurgien-dentiste. Si un jour une carie vous importune… n'hésitez pas. Si, par contre, vous avez une dent creuse, on fait ici même un excellent couscous. En attendant, un petit whisky ? Sans glace, je crois…

Il avait vraiment entendu parler de moi… Whisky, couscous, ce que je préférais. Le garçon de café avait fait ma « promotion », c'était clair. À cette époque, en novembre 2007, je ne devinais pas, mille fois hélas, les objectifs réels des deux comparses.

Le hasard, toujours le hasard, le mettait souvent sur ma route quand je sortais du palais de justice, et quelle que soit l'heure. Et donc, whisky et couscous… G. P. était facilement reconnaissable. Grand, robuste, cheveux coupés ras et grisonnants, ancien judoka, dont le titre de gloire était un combat perdu contre le célèbre David Douillet lui-même. Aux débours du champion, G. P. ne s'est pas lancé dans l'humanitaire…

Autour du verre, plutôt des verres de la convivialité, nous avons sympathisé, du moins l'ai-je cru.

Nos ripailles et agapes n'étant ni monacales ni spartiates, je n'ai pu cacher longtemps ma panade financière au moment de payer les tickets de consommation qui s'amoncelaient quelquefois. Alcool, tristesse et mélancolie faisant mauvais ménage, il me fut impossible de dissimuler plus avant ma détresse, ma solitude, mon désarroi.

La plénitude gastrique des fins de repas avec G. P. n'entraînait pas le besoin d'une bonne sieste dite postprandiale, bien au contraire. Me revenait sans cesse le spectre de ma condition, de mon déséquilibre, de l'incertitude de ma vie. Ce praticien, notable, bien en chair, aisé, quelquefois brillant, ne pouvait s'intéresser durablement au petit substitut du « bureau du fond » et cette amitié naissante était probablement un mirage, un leurre.

G. P. lut-il dans mes pensées ? Toujours est-il qu'il proposa de m'aider en me sollicitant, sans doute pour ne pas froisser ma susceptibilité :

– Cher Patrick, sans que cela gêne ton emploi du temps, peux-tu t'occuper de mon fils ? Ses résultats scolaires sont désastreux, je n'ai pas beaucoup le temps de m'occuper de lui. Tu me diras combien je te dois.

Étant séparé de mes propres enfants, j'ai fait une projection toute particulière. Outre le soutien scolaire, j'essayais de discuter de choses et d'autres avec cet enfant seul, et avant tout de le réconforter.

De cette activité, je récoltais quelques viatiques (ce terme est approprié, j'utilisais cet argent pour me rendre à Carcassonne voir mes enfants).

Plus tard, il est encore vrai, ce dentiste m'a aidé à payer pension alimentaire, loyer, etc. Il ne disait jamais non. Ou il m'appréciait beaucoup, ou il « avait les moyens », ou bien les deux, mais il répondait toujours favorablement à mes demandes de prêt. Ces avances sont devenues pour les besoins des enquêteurs le montant du « pacte de corruption ».

Ce prétendu pacte qui s'élève à 8 000 euros environ n'a pas été payé par une grosse enveloppe glissée subrepticement dans la poche de ma tunique, comme dans les films de série B, après le forfait.

Ces 8 000 euros sont le total des aides de la part de G. P., s'étalant de décembre 2007 à juillet 2008.

Mais ce n'est qu'en avril ou en mai 2008 que G. P. me sollicite pour des renseignements sur des affaires qu'il a en cours et qui l'inquiètent.

La fleur ou le fusil, ou presque, en tout cas, très naïvement, j'appelle l'enquêtrice dont il m'avait donné le nom, lui déclinant ma qualité de magistrat et m'enquérant uniquement de la situation du dossier.

L'enquêtrice en question confirmera ce fait lorsqu'elle sera interrogée plus tard. À aucun moment je ne lui ai demandé d'enterrer ce dossier ni de mettre l'affaire en sommeil. Ce qu'elle certifiera également, en capitaine du SRPJ (Service régional de police judiciaire) probe et consciencieuse.

J'apprends, lors de l'entretien téléphonique avec cette enquêtrice, l'énorme affaire susceptible d'être qualifiée d'escroquerie, la CPAM affirmant avoir été dépouillée d'environ 300 000 euros par l'intéressé ! Stupéfaction !

Je ne peux à ce moment que relater en partie mon entretien à G. P., et lui donner amicalement quelques conseils de droit, comme n'importe quel juriste aiderait son supposé ami. N'est-on pas obligé de parler extincteur à quelqu'un dont la maison brûle ?

À ce moment précis, il n'y a pas instruction, donc il ne peut y avoir violation du secret de l'instruction.

J'ajoute que G. P. fut fort déçu de mon « rapport » dans cet entretien en tête à tête, puisqu'il savait déjà tout ce que je croyais lui apprendre !

Pour ce qui précède, j'encours dix ans de prison, la révocation, sans parler des peines pécuniaires…

Je n'ai à aucun moment cité le nom de ce chirurgien-dentiste, respectant ainsi la présomption d'innocence. Tel n'a pas été le cas en ce qui me concerne. Messieurs du parquet, qui a donc violé le secret professionnel ? J'allais ajouter : pour combien ?

À peine étais-je mis en garde à vue que toute la presse nationale s'est empressée de relater l'affaire, avec force détails. Qui a bien pu renseigner ces gens aussi précisément et aussi vite ? Mon nom a été cité en entier, suivi de la coutumière appellation « ex-juge d'instruction de l'affaire Festina-Virenque ». Ou bien, de façon instinctive ou empirique, ces mêmes journalistes ont-ils pressenti l'attendu retour de flamme et de bâton de ce dossier de 1998 fait de roues de vélo et de seringues ?

Je me pose aussi certaines questions. G. P., conscient de la gravité de ses actes, aurait-il pu être naïf au point d'engager 8 000 euros et de courir le risque d'une mise en examen pour corruption active, pour de simples renseignements, rappelons-le, qu'il détenait déjà ? Il n'y avait pas entre lui et moi, à cette époque, de relations uniquement mercantiles. Du moins le croyais-je...

Cette mise en relation opérée par le garçon de café était-elle aussi innocente que je l'ai crue ? À ce jour, je suis dubitatif pour le moins.

À preuve, un rebondissement inouï, publié dans *Le Point*, en juin 2009, vient conforter ces doutes. Le titre, fort évocateur, « Rififi à la cour », traduit bien l'ambiance délétère qui règne, je cite, « dans les couloirs feutrés de la juridiction d'appel ». On y apprend, le plus benoîtement du monde, que l'avocat de G. P., celui qui a remis le courrier me dénonçant (le second avocat, car le premier, doté d'une honnêteté intellectuelle sans faille, s'est retiré du dossier, ne voulant jouer ce jeu dangereux) se plaint d'être, je cite, « ostracisé » par l'un des membres du parquet général.

Atmosphère, atmosphère…

Ironie du sort, l'avocat actuel du chirurgien-dentiste utilise les conseils prodigués par mes soins antérieurement.

Compte tenu de ce qui précède, le dossier d'accusation à mon encontre se réduisant comme une peau de chagrin, « ils » ont trouvé un autre os à ronger, à savoir mes interventions en matière de contraventions de stationnement, pendant environ trois ans, et au montant de 11 euros pièce. Où va se nicher la corruption ? Défense de rire…

Quoi qu'il en soit, jamais, au grand jamais, je n'aurais levé le petit doigt en faveur de contrevenants dont la faute aurait présenté un danger grave : feux rouges, stop, lignes blanches franchies, ou autres…

Je précise qu'au cours de l'enquête administrative, mon premier procureur à Montpellier a déclaré qu'il avait établi une note de service aux termes de laquelle toute demande d'indulgence devait lui être systématiquement soumise. Je n'ai jamais eu connaissance d'une telle disposition. Car là où le bât blesse, c'est que l'officier du ministère public chargé du contrôle de l'ensemble des contraventions affirme que cette note de service n'a été mise en place qu'après le déclenchement de mon affaire.

De fait, il n'y eut point d'interventions, mais des conseils en vue de la rédaction et de l'envoi de courriers de contestation de contrevenants, contestations légitimes, toute loi a au moins une faille. Bien des avocats s'en sont aperçus, et beaucoup médiatisent *urbi et orbi* les astuces permettant d'échapper au paiement des contraventions.

⁂

Voilà pour le crime. Quant au parcours…

Cela doit remonter bien avant 2008 qui, convenez-en, fut à tout point de vue une année exceptionnelle.

Le 1er janvier, il est désormais interdit de fumer dans les restaurants, boîtes de nuit, casinos et bars. La Russie attaque la Géorgie, c'est le début du conflit à propos de l'Ossétie. Pékin organise les Jeux olympiques, révélant au monde qu'il y a bien loin de la *reality* de la politique à la défense des droits de l'homme, puisque la quasi-totalité des chefs d'État des régimes dits démocratiques sont présents au premier rang de la cérémonie d'ouverture. Outre le problème des troubles au Tibet, des questions se posent sur les normes environnementales et sur la censure des journalistes en Chine. Hormis Masahisa Tsujitani, le fabricant japonais de boules de métal des épreuves de lancer de poids, aucune entreprise n'a annoncé sa volonté de boycotter les jeux. Cela me fait revenir dix années en arrière, à la position des sponsors lors de l'affaire Festina. La crise financière est en germe. On parle de l'affaire de la Société générale, avec une perte de 2 milliards d'euros au titre de la crise des *subprimes* et une « fraude exceptionnelle » de 4,9 milliards due aux débouclements d'engagement pour un montant de 49 à 50 milliards, imputable, selon la direction de la banque, à un seul homme, qui lui aussi aura des « problèmes de Santé ». Le 13 février, Henri Salvador tire sa révérence ; le 27, *Bienvenue chez les Ch'tis* sort en salle. Le 3 mars, Lyon célèbre le bicentenaire de Guignol, créé aux environs de 1808 par Laurent Mourguet, ancien canut, analphabète, anarchiste et arracheur de dents. Des cas de dopage sont révélés au Tour de France, mais ça, ce n'est pas exceptionnel.

Du barreau aux barreaux

Peut-être faut-il remonter à mon entrée dans la magistrature en 1990, à la fameuse affaire Festina en 1998, ou en 2005, date à laquelle je suis arrivé à Montpellier, et pourquoi pas beaucoup plus tôt ?

2

Souvenirs d'enfance

« Ça a commencé comme ça. »
Céline, *Voyage au bout de la nuit*

C'est devenu un lieu commun, depuis l'émergence de la psychanalyse, de faire remonter la construction d'un individu à son enfance. Soit il l'idéalise, soit il la rejette.

Si l'on décide de tout noter, il s'impose de commencer par le commencement.

En 1963, le général de Gaulle est au pouvoir depuis cinq ans, il rejette l'adhésion du Royaume-Uni au Marché commun. Au Togo, le 13 janvier, Olympio est assassiné. Kennedy subit le même sort le 22 novembre. L'Histoire se souvient surtout du second. Le fort de Brégançon retourne à l'État. L'Église catholique romaine, oublieuse de son attitude durant la Seconde Guerre mondiale, reproche à Louis Malle son adaptation du *Feu follet*.

Et cette même année, à Paris, le 1er avril, le sort fit une « bonne farce ». D'un sang breton et d'un sang alsacien naquit un enfant, et cet enfant, c'était moi. Croyez-moi, une telle date de naissance n'est pas facile à porter. En toutes circonstances, qu'est-ce que j'ai pu entendre : « Quel poisson ! » Et pourtant, ma vie n'a pas été une plaisanterie, ou bien alors Dieu a un curieux sens de l'humour, ce qui ne m'étonnerait qu'à moitié.

Il est difficile de hiérarchiser ses souvenirs d'enfance. Ce que l'on garde en mémoire peut paraître excessif, enjolivé, injuste. Les premières années de notre vie, c'est ceux à qui on doit la vie qui nous les ont racontées, narrées, transmises. Mais contrairement à tant d'autres, je ne me souviens pas de mon enfance. J'ai beau me creuser les méninges, rien ne sort. J'ai peur, au mitan de ma vie, d'avoir contracté la maladie d'Alzheimer. Peut-être aussi ai-je préféré effacer cela de ma mémoire.

En y réfléchissant, je n'en ai que des bribes.

Je me souviens des roudoudous, des Carambar, des Malabar, des DS, où invariablement j'étais malade à l'arrière, des cris provenant de la rue : « Vitrier, rémouleur, marchand de tapis… »

Le dimanche, les déjeuners en famille me ravissaient. Le repos du samedi faisait presque disparaître la fatigue grandissante de mes parents, leur visage retrouvait un air serein pour quelques heures. La trêve dominicale, entre les augmentations de cadence chez Citroën pour mon père et les assauts de moins en moins sournois de la maladie pour ma mère.

Avoir le téléphone était suffisamment rare pour que ce privilège vous aide peut-être un jour à devenir maire *(Manon des sources)*, et il fallait plusieurs semaines, voire quelques mois, pour obtenir une voiture après l'avoir commandée.

À l'époque, la télévision était une véritable fenêtre sur le monde, elle permettait de découvrir des écrivains, des artistes, le cinéma, le cirque, les animaux, l'actualité. L'encadrement des images et des commentaires n'était que politique, pas encore économique. On n'anesthésiait qu'à faibles doses, hormis la pensée élyséenne.

Pourtant, des persifleurs de grand talent fréquentaient les lieux, je pense notamment à Claude Darget et à l'unique Georges de Caunes.

Des années après, les odeurs de l'hôpital où j'allais voir ma mère me hantent encore.

C'est ce dernier souvenir qui est en moi le plus prégnant. En effet, très vite, ma mère, Jacqueline, a été malade, d'abord du cœur, puis cela a été le cancer. Elle en est morte le 7 mai 1981, trois jours avant la victoire de Mitterrand, près d'un mois avant mon baccalauréat. J'ai très vite été amené à arpenter les couloirs des hôpitaux : Saint-Joseph, Lariboisière et pour finir un mouroir à Rueil-Malmaison.

Quelques fleuristes du XVIIIe arrondissement se souviennent peut-être d'un petit bonhomme venant quémander du papier glacé transparent et du ruban de couleur. Je leur mentais en leur disant que j'en avais besoin pour les travaux manuels scolaires. En réalité, je confectionnais les plus beaux bouquets possibles avec des fleurs volées dans des squares voisins que j'emballais dans ce papier glacé. Pour ne pas me faire prendre, j'arrachais les précieux végétaux à grandes brassées. Et, en dépit de mon attention, s'inséraient toujours quelques fleurs de pissenlit ou de boutons d'or, ce qui faisait malgré tout sourire ma mère qui n'était pas dupe.

Je l'observais à la dérobée. Je guettais la moindre ride supplémentaire, le moindre rictus de douleur. J'ai écrit à un grand professeur de médecine qui faisait des émissions à la télévision.

Je l'ai supplié de s'occuper de ma mère, je lui ai promis de le payer plus tard, quand j'aurais une situation. Je lui ai aussi juré d'avoir la plus haute situation sociale possible, pour le rembourser plus vite. A-t-il reçu cette lettre ? Il ne m'a pas répondu. Pourtant, je ne pensais plus qu'à cette réponse, j'ai importuné le préposé PTT des semaines et des semaines. Quand il a fini par me demander d'où était censé venir ce courrier tant attendu, j'ai répondu d'un ton que je voulais détaché et condescendant : « D'une sommité de la science. »

Les médecins, les professeurs ne pouvaient plus rien pour ma mère. Mon père l'entourait de gestes et de mots pleins d'amour. Tous les deux savaient, et me mettaient à l'écart de la cruelle vérité. Ce fatidique 7 mai, elle n'était plus dans son lit quand nous sommes arrivés au seuil de la chambre. Les roses de mon dernier bouquet fanaient sans mots, la vie s'était retirée. Adieu, maman chérie.

Autant dire que j'éprouve toujours une certaine appréhension à fréquenter ce type d'établissement.

On aime sa mère presque sans le savoir, sans le sentir, c'est aussi naturel que de vivre, de respirer. On ne s'en aperçoit que trop tard. Aucun amour n'est comparable à celui-là, car il vit depuis la naissance ; tous les autres sont de rencontre, ils résultent des hasards de notre existence, tandis que l'amour pour sa mère est inscrit dans nos gènes, il vit dans notre sang, dès notre premier jour.

Et puis, ce n'est pas seulement une mère que l'on perd, c'est notre enfance qui disparaît. Car notre petite vie d'enfant était autant à elle qu'à nous. Seule elle la connaît comme nous, elle seule sait un tas de choses lointaines, insignifiantes et chères qui sont, étaient les premières émotions de notre cœur.

Vu l'âge que j'avais quand ma mère est morte, je n'ai pas eu l'occasion de lui dire : « Te rappelles-tu maman le jour où ?... » Nous n'avons pu murmurer de menus et douceâtres souvenirs que personne d'autre sur terre ne connaît. Ce jour-là, c'est une partie de moi-même qui est morte, certainement la meilleure.

Ce 7 mai, j'ai ressenti une trahison, un déchirement. Vingt-huit ans après, je n'accepte pas, je ne comprends toujours pas. J'ai vécu cela comme une injustice totale, un châtiment pas mérité. Quelque chose d'incompréhensible qui fichait tout en l'air. C'en était fini de la quiétude, de l'enfance. Ma mère, mon alliée, mon soutien, ma force. Le regard bienveillant et complice quand on rentre de l'école, après les railleries dévastatrices des camarades de classe. Quelqu'un a dit, je ne sais plus qui, qu'un homme ne devenait homme qu'à la mort de sa mère. Possible…

Je ne crois pas au paradis, mais ma mère y est très certainement. Merci à toi, maman, d'avoir voulu et permis que je vienne sur cette terre, merci de m'avoir donné ce physique. Au moins, on ne me confond pas avec Apollon.

Quant à mon père, Jean-Marie, lui aussi m'a aimé. De lui je garde l'image de quelqu'un de droit et de travailleur. S'investir dans le travail en usine permet de se cuirasser, *a fortiori* quand vous travaillez pour une grande enseigne de l'automobile. Et, à son petit échelon, de ressentir une fierté immense dès qu'un modèle nouveau sort des chaînes de montage. Comme s'il en avait été le seul concepteur, le seul responsable. Dans la rue, il lui arrivait de s'arrêter de marcher pour mieux contempler une 2 CV ou une DS flambant neuve. Dans certains cas, un sifflement discret d'admiration ponctuait le passage de la belle berline. Il se demandait souvent si le directeur de l'usine ou les grands patrons de la marque faisaient de même et ressentaient les mêmes vibrations. Pour tout dire, la classe ouvrière, je connais, je l'ai côtoyée.

De lui je sais qu'il a fait la guerre d'Algérie. Il n'en parlait jamais, par pudeur, je pense. De mon côté, je n'ai pas osé l'interroger. Mais après ce que j'ai vécu, je l'imagine en bidasse, la peur au ventre, la crainte de découvrir ses copains égorgés. Les balles qui sifflent autour de lui, terré au fond d'une tranchée de sable.

J'ai tout fait pour en sortir, c'est ce qu'a souligné l'expert psychologue qui m'a examiné à la prison de la Santé. Ces experts sont de grands hommes de science. Imagine-t-on un prolétaire habitant une masure refuser une villégiature aisée et luxueuse dans un palace ?

Zola a voulu prouver la prédestination : nul n'échappe au milieu dont il sort. De Gervaise à Nana, en passant par des millions d'autres. J'ai utilisé mon mètre cinquante-sept et mes 45 kilos, poids de forme, pour affronter les quolibets, les moqueries et les brimades, de la maternelle à ma dernière année d'études.

À la maison, on ne parlait pas d'amour. Mais cette époque était différente de l'actuelle. On était beaucoup plus réservé, et l'amour, qu'il soit filial, maternel, paternel, n'avait pas besoin de s'extérioriser. La pudeur et la résignation faisaient le reste. Je n'ai jamais interrogé mes parents sur les conditions de leur rencontre, de leur flirt. Je préfère me les imaginer : les premiers rendez-vous, les mots tendres murmurés, les bouquets de fleur, les cadeaux, les invitations, les « oui » balbutiés.

Moi aussi, à ma façon, je me suis cuirassé. Très vite, j'ai lu et de tout. Je me prenais pour d'Artagnan, j'enviais ses performances physiques et son habileté, fleuret à la main. Edmond Dantès, c'était le dégoût de l'injustice et l'intelligence de la vengeance froide ; cela me protégeait, me permettait de ne pas penser à la réalité.

Compte tenu de la maladie de ma mère, du fait que nous n'étions pas riches – pas au point, bien sûr, d'être obligés de faire de grandes enjambées pour économiser les semelles de mes chaussures, mais tout de même –, je me suis recroquevillé… Les parties de foot dans la cour de récréation n'étaient pas pour moi. Je n'y étais pas le bienvenu, ou il eût fallu que je joue le rôle du ballon. Comme dans le règne animal, malheur au chétif canard noir de la portée. Le monde de l'enfance est d'une cruauté sans égale, le bambin est un loup pour le bambin. Malheur aux pauvres, malheur aux petits, malheur aux moches.

Ce côté triste, sombre, solitaire, voilà quarante-six ans qu'il est mon fardeau, mon ânée… Il est pourtant des regards, des mots, des actes qui m'ont demandé de m'asseoir à la table. J'ai même, plus tard, participé à des agapes qui m'ont étrangement éclairé d'ombre et de nuit.

La nuit finit avec le lever du soleil. Je n'avais pas de soleil. C'est une des raisons pour lesquelles je suis tombé amoureux de mon ex-épouse, toujours positive, jamais dans un quelconque spleen. Des nuages au ciel grand bleu. Voilà pourquoi aussi ça ne pouvait pas durer toujours… Trop belle pour moi.

Nous étions des Français moyens, très moyens. Nous ne manquions de rien, sauf du superflu ; or, dans les années 1960-1970, le superflu, c'était beaucoup. Le rare rôti du dimanche dégusté avec parcimonie pour pouvoir le transformer en hachis parmentier le lundi. Le pain rassis qui devient pudding ou pain perdu. L'omelette allongée de farine qui se transforme en farinette. Tous les pauvres connaissent ces recettes. En plus, l'éducation catho qui vous explique que c'est très bien d'être pauvre, qu'il est plus facile à un chameau de passer par le chas d'une aiguille qu'à un riche d'entrer au royaume de Dieu. Quelle idée de génie, qui consiste à décourager les pauvres à briguer l'opulence et à demander des augmentations de salaire. Cette résignation, cette soumission ne vous donne qu'une seule idée, celle de claquer la porte, de vous révolter, de vous rebeller, de vous insurger. Et après ce que j'ai vécu, ce sentiment devient de plus en plus présent en moi. Je me dis que j'ai oublié de vivre…

Notre appartement dans le XIXe arrondissement, à proximité du boulevard de la Chapelle, du boulevard Barbès, de la rue Myrha, ne donnait pas sur la rue, ce qui aurait connoté une appartenance à la bourgeoisie, une certaine aisance, mais sur la cour. Pas de WC à l'intérieur, il fallait aller dans un couloir en empruntant une passerelle ; pas de douches, nous nous lavions aux bains-douches publics ; un simple évier, pas d'eau chaude, mais de l'eau froide qu'il était nécessaire de faire chauffer sur une gazinière. Notre rue était coincée entre les quartiers de la Goutte-d'Or, Belleville, la Villette, Stalingrad, les Buttes-Chaumont. Notre arrondissement, annexé en 1860 à Paris, était baigné par le canal de l'Ourcq, avec l'unique pont levant de la capitale, et le canal Saint-Martin, où l'on voyait l'hôtel du Nord.

Tout s'est conjugué pour que je n'aie aucun ami, aucun camarade, aucun copain, en dehors des heures d'école. Rappelons-le, j'étais petit, maigre, moche et pauvre. Même dans ce quartier populaire, je n'étais pas du sérail. Même pas le borgne parmi les aveugles.

À l'époque je ressentais tout au plus une impression de manque. Plus tard, un sentiment profond d'abandon allait s'installer.

J'ai mal vécu cette solitude ; à tort ou à raison, je l'ai subie comme une injustice, une trahison. Ce sentiment, expression d'une souffrance dans la relation à l'autre, s'est traduit chez moi par un repli sur moi-même, des crises d'anxiété, et ce qui s'est ultérieurement passé pourrait même être analysé comme une forme d'automutilation. Ce sentiment s'est profondément enraciné en moi, car je ne l'ai jusqu'à présent jamais éclairci, repensé, extériorisé même avec la seule personne qui aurait pu m'aider, par aveuglement, bêtise ou fierté. Je n'ai jamais pu verbaliser mon histoire afin de la reconstruire. Je me suis enfermé dans l'illusion, l'idéalisation et la répétition.

Ainsi, rétrospectivement, il me semble que ma vie a été d'emblée placée sous le double signe de la dépossession affective et de la sublimation. Après avoir réfléchi à tout cela, je me dis que mon récit de vie révèle une lacune : la maladie de ma mère a très certainement engendré un traumatisme portant au jour un manque existentiel et affectif. Face à cette sublimation initiale, j'ai canalisé le désir inhérent à tout être humain dans le sens d'une pure *libido sciendi.*

Je me souviens que je dois mes premiers émois littéraires à une anthologie des poèmes de Victor Hugo, *Les Feuilles d'automne.* Aujourd'hui encore, des vers me reviennent en mémoire :

Lorsque l'enfant paraît, le cercle de famille
Applaudit à grands cris...

Le mal était fait, le virus était contracté. Je fus encouragé par mes professeurs, tant par leur attitude que par leur passion. C'est ainsi que la lecture devint une véritable addiction. Je découvris *Les Misérables*, *Notre-Dame de Paris*, *Madame Bovary*, *L'Éducation sentimentale*, *Salammbô* et son fameux incipit : « C'était à Mégara, faubourg de Carthage, dans les jardins d'Halmicar. » Les livres furent mes seuls amis, toujours fidèles, toujours ponctuels, un substitut à ce que je cherchais. Ils me permettaient de voyager en Italie, en Russie, en URSS, aux États-Unis, en Espagne, en Amérique latine. Ils me consolaient, m'aidaient, me faisaient oublier, me construisaient intérieurement. Mais chaque médaille a son revers, ils m'intériorisaient, me coupaient du monde extérieur, me sclérosaient.

À cette soif de lecture et de savoir, facilitée par le fait que je fréquentais des écoles privées où, contrairement aux clichés trop aisément répandus, la tolérance est plus de mise qu'on ne croit, s'ajouta très vite la curiosité cinématographique.

Mais je n'ai jamais eu personne pour m'y initier. Les trips, je me les suis faits tout seul. Je n'avais ni ami ni frère pour refaire les scènes. Aussi me suis-je mis à me les déclamer, à me les rejouer, du western au film noir en passant le film de cape et d'épée.

J'étais fou de la trilogie de Pagnol, *Marius*, *Fanny*, *César*. J'en connaissais des scènes par cœur, la partie de cartes, la scène où César apprend à son fils Marius à confectionner une boisson (« ça dépend de la grandeur du tiers »), mais il y avait aussi *Le Schpountz* (« Tout condamné à mort aura la tête tranchée »), *La Femme du boulanger* (« Ah ! te voilà, la Pomponnette »).

Tout ce que je n'étais pas, tout ce que je rêvais être, je l'avais en imagination. Pourquoi aller le chercher dans la réalité ?

J'ai eu 17 ans et je ne dirais pas qu'à 17 ans on n'est pas sérieux. Moi, à 17 ans, j'étais sérieux, trop peut-être et même plus solide que l'ennui. Il faut dire que je n'allais pas sous les tilleuls verts de la promenade. Et j'ai eu 20 ans. À l'âge où les autres souriaient de toutes leurs dents pour mieux faire succomber leurs jeunes et fraîches conquêtes, je m'intéressais à mes oreilles. Je les voyais sans les voir, les gens que je croisais ne regardaient qu'elles. J'imaginais qu'un ruban adhésif invisible aurait permis de rapprocher du crâne ces deux trop visibles esgourdes.

Ce complexe augmentait les autres complexes, mes tentatives de séduction du sexe faible étaient vouées à l'échec, j'en étais trop persuadé pour seulement en entreprendre une seule.

Et plus je cherchais à cacher ma gêne, plus elle me faisait souffrir. J'oubliais la leçon de Freud, selon qui « un homme ne doit pas lutter pour éliminer ses complexes, mais plutôt s'accorder avec eux ».

Je prenais conscience que ce complexe, véritable mal universel, trouvait sa source dans le « poids des comparaisons » que Romain Gary évoque dans son ouvrage *La Promesse de l'aube.* Il se développe dans l'évaluation systématique de ce que nous n'avons pas et de ce que l'autre possède. J'observais, je commentais : « Celui-ci est grand », « Celui-là a une taille normale. » Une fois la machine mise en branle, elle ne s'arrête plus, je dirais même qu'elle s'emballe.

Cela commence très tôt, dès les premières années d'école, quand l'enfant découvre l'inconnu, a conscience du lien social. Je me rendais compte qu'il me manquait quelque chose et je me lançais à cœur perdu dans le jeu des comparaisons. Ce processus s'est répété à toutes les étapes de ma vie : scolarité, profession, mariage. Je voyais ce qui était différent, je mesurais, si j'ose dire à propos de mon problème de taille, l'attention que l'autre portait à ce que je ressentais comme une défaillance.

Ainsi que l'ont mis en exergue le psychiatre et le psychologue chargés de m'examiner, c'est avant tout dans le regard de l'autre et dans ma façon de le recevoir que les choses se sont passées.

De toute façon, je ne suis pas unique. Pour chacun de nous, c'est l'entourage qui indique si le défaut est supportable ou non. Ensuite, tout est question d'interprétation. Il nous faut le langage et la pensée pour comprendre que d'autres nous regardent, nous jaugent, nous jugent et que le malaise d'être différent se greffe sur une réalité, ou sorte de notre imagination.

Depuis que j'ai pris conscience du lien social, j'ai entendu des propos tels que « Dumbo », « le Schtroumpf », « Simplet », « le nain de jardin », « l'herbe ne te chatouille pas sous les bras ? »

Même dans le cadre de ma vie professionnelle : un gendarme me surnommait « Toulouse-Lautrec » ; cette comparaison a d'ailleurs été reprise par un journal italien lors de l'affaire Festina, en raison, je cite, de mes « goûts culinaires » *(sic)*.

Ces mots lâchés, mine de rien, sans intention de nuire, se sont accumulés et ont mis en place des situations d'infériorisation. Ces phrases se sont additionnées en moi et m'ont empoisonné l'existence.

J'ai essayé de me dépasser. Mon ambition a été inversement proportionnelle à ma stature. J'aurais pu, comme Chaplin, choisir l'art. Mais voilà, j'ai opté pour la magistrature. J'ai agi par « surcompensation ». D'où le sentiment que je peux donner à certaines personnes d'être méprisant, antipathique, imbu de moi-même, égoïste, pas assez altruiste, exploiteur, méchant, rendant le mal pour le bien, manipulateur, cela m'a encore été dit récemment. Mais je ne pense pas que ce soit vrai, ou tout au moins je l'espère. C'est une question de défiance, de timidité, la crainte d'être blessé.

C'est dans ce contexte, et très certainement en raison de ce que je viens de décrire, que je poursuivis mes études de façon très satisfaisante jusqu'à l'obtention de mon baccalauréat C en 1981, surtout grâce aux matières littéraires : français et latin.

3

L'heure du choix

Naissance de l'Odyssée.
Jean Giono

Pourquoi revenir sur mes années universitaires et définir la raison pour laquelle je suis devenu magistrat ? Parce que j'ai besoin de me libérer d'un traumatisme, à savoir mon incarcération, et d'un présent que je ressens comme enfermé entre des murs, dans un véritable souterrain. Après dix-huit années de magistrature, trois mois de détention provisoire, j'ai le sentiment que l'imagination, la fantasmagorie sont essentielles, car elles sont capables, dans leurs méandres, de déconstruire et de reconstruire une réalité, d'établir un « mentir-vrai », afin de me persuader que vingt-six années à étudier puis à pratiquer le droit n'ont pas été vaines.

Par moments, la justice m'a fait penser à ce pays des Kimmériens, peuple qui, selon Homère, vivait couvert de brumes et de nuées que n'avaient jamais percées les rayons du soleil. J'ai même eu le droit à ma catabase, c'est-à-dire à ma descente aux Enfers. Mais ce que j'y ai découvert, ce n'est pas la survie heureuse de l'âme. Du moins puis-je espérer y trouver des renseignements sur une mission de refondation de moi-même. Je me suis même laissé charmer par les sirènes. J'aurais dû soit pétrir de la cire à la douceur de miel et m'en boucher les deux oreilles, soit, comme Ulysse, me fixer à un mât pour goûter le plaisir d'entendre la chanson, mais je n'avais ni cire ni mât sous la main. On fait ce qu'on peut…

C'est donc en 1981 que je suis entré à l'université de Paris Panthéon-la Sorbonne en droit. Cette année-là, la France fête le 10 mai l'élection de François Mitterrand, Pierre Mauroy devient Premier ministre. Le 21 mai, le septennat de Mitterrand est inauguré par une cérémonie au Panthéon, une rose est déposée sur les tombes de

Jean Jaurès, Jean Moulin et Victor Schoelcher. En juillet, c'est le début de l'état de grâce socialiste : augmentation du smic de 10 %, hausse des traitements des fonctionnaires de 3 %, revalorisation des allocations familiales, la semaine de travail passe de 40 heures à 39 heures, la cinquième semaine de congés payés est mise en place. C'est aussi cette année-là que la peine de mort est abolie le 18 septembre, à l'initiative de Robert Badinter.

En 1981, on voulait changer le monde ; vingt-huit ans plus tard, on hésite, on se demande « si tout cela en valait la peine « ou « si, tout compte fait, ce n'est pas le monde qui nous a changés ». On s'est sclérosé, ankylosé, encroûté, momifié, il n'y a plus d'espoir, on s'étonne devant les jeux de mots présidentiels, comme au XVIIe siècle ou au XVIIIe siècle les courtisans s'extasiaient devant les frasques ou les constructions royales.

Comment, dans ces conditions, ai-je abordé l'entrée en faculté ? Mais tout d'abord, pour quelle raison avoir choisi le droit ? Le droit est un phénomène social constant qui se crée ou se recrée de façon naturelle, dès lors que deux individus sont réunis. La création de règles juridiques, loin de toute considération morale ou religieuse, est un phénomène inhérent à toute société. Dès lors, dans une première approche, le droit est un ensemble de règles destinées à régir la vie en société, ces règles sont formulées de façon générale et impersonnelle sans concerner qui que soit en particulier, on parle alors de droit objectif. Mais le droit peut aussi avoir comme vocation de mettre en œuvre les prérogatives individuelles que les personnes puisent dans le droit objectif ; on parle alors de droit subjectif. Étudier cela et comment pouvaient se combiner les deux aspects du droit me semblait captivant.

Les études juridiques m'ont passionné. Une matière m'intéressait particulièrement, le droit constitutionnel. À l'époque où cette matière me fut enseignée, soit en 1981-1982, les auteurs s'interrogeaient sur la compatibilité de la cohabitation avec la Constitution de la Ve République. Certains des professeurs répondaient par l'affirmative, faisant observer que le problème avait été envisagé par le général de Gaulle en 1967 à la veille des élections législatives de 1967, que le régime changeait dès lors de caractère, le Premier ministre devenant la figure prépondérante du pôle exécutif et le chef de la majorité parlementaire. D'autres répondaient par la négative, arguant qu'un tel régime était antinomique avec la prépondérance du président de la République et que la pratique gaullienne des institutions plaidait en faveur de la démission du chef de l'État.

Voilà notamment en quoi le droit me motivait, car en 1986, 1993, puis 1997 le problème s'est posé. Désormais, le débat est clos, du fait que la durée du mandat présidentiel est calquée sur celui des députés.

Être initié aux arcanes du langage juridique, analyser les textes, les décisions, les commenter correspondait à un cursus littéraire qui me permettait de confronter les analyses phonologiques, la stylistique des textes de fiction avec les textes législatifs et jurisprudentiels. C'est pour cette raison que j'ai poursuivi mon parcours estudiantin jusqu'au diplôme d'études approfondies, spécialité droit privé, au Panthéon.

En outre, la fréquentation de ce milieu me plaisait. Au quartier Latin, je pouvais mettre en parallèle les descriptions de mes chers auteurs avec ce que j'avais sous les yeux. Même si, ayant pris conscience de mon corps et ne me trouvant pas beau – plus tard, un président d'une juridiction où j'ai exercé n'a pas hésité à dire, lors de la procédure administrative : « Son physique ingrat l'a isolé » –, je n'ai eu aucune relation amoureuse.

Dans le même temps, afin de payer mes études, je travaillais en tant que surveillant dans un établissement scolaire. M'occuper d'enfants et de jeunes adolescents me semblait enrichissant. À défaut d'avoir la fibre patriotique, j'avais la fibre pédagogique.

À côté de cela, j'étais toujours passionné de cinéma. Je fréquentais l'Action École, créée en 1977 rue des Écoles, ainsi que le studio Christine, datant de 1973, sis rue Christine. Cette salle est reconnaissable à sa massive porte cochère, classée monument historique, à sa façade de vieilles pierres patinées et à son enseigne en lettres d'or. C'est là que je fis la découverte des films des éternellement grands réalisateurs, fussent-ils italiens, américains, asiatiques.

Tous les vendredis et dimanches soir, je ne manquais ni le « Ciné-club » de l'A2 ni le « Cinéma de minuit ». J'y découvris le cinéma dit d'art et essai, les classiques du cinéma français, les Duvivier, les Renoir, les Bernard, les Carné, je pleurais devant *Les Parapluies de Cherbourg* de Jacques Demy.

Mais je ne me cantonnais pas aux classiques. J'étais devenu boulimique. Je m'efforçais de voir tous les genres. Durant le Festival de Cannes, je me faisais mon propre palmarès. Je m'initiais également aux films d'horreur ou fantastiques. Je n'entends pas oublier non plus les blockbusters. Je me documentais, lisant tous les livres d'histoire du cinéma qui me tombaient sous la main.

Mais ces années-là furent également des années d'initiation à la musique, quelle qu'elle soit : classique, jazz, rock, heavy metal, hard rock, sans oublier Gainsbourg, Ferré, Brel, Brassens, Piaf, Nougaro, Ferrat. Je butinais sur ces différents courants soutenus par les radios libres... J'avais ce qu'on peut appeler des goûts éclectiques, de Monteverdi à Pink Floyd.

En matière de sport, je devins fan des tournois de Roland-Garros, lesquels se déroulaient pendant la période de préparation des partiels de fin d'année universitaire. Quant au football, disons que je n'étais pas particulièrement fan, d'autant plus que la seule fois où j'ai voulu regarder un match de foot, c'était la retransmission du match du stade du Heysel, le 29 mai 1985, opposant la Juventus à l'équipe de

Liverpool. Le bilan fut particulièrement lourd : trente-neuf morts, dont trente-quatre Italiens, deux Belges, deux Français et un Irlandais. Le score final de la partie honteusement jouée est sans importance, on remit la coupe à un vivant non écrasé.

Puis il y avait les promenades interminables dans Paris, notamment au jardin du Luxembourg, où, tel Marius dans *Les Misérables*, j'aurais bien aimé que le vent soulevât une robe et me permît de voir la jambe au galbe exquis d'une Cosette.

Il n'en demeure pas moins que ce jardin m'attirait irrésistiblement avec ses 23 hectares, ses statues de reines et de princesses de France, celles inspirées par la mythologie grecque, celles d'animaux ou de personnages célèbres, avec son palais du Luxembourg, son musée du Luxembourg, l'Orangerie…

En ce qui concerne la littérature, j'avais pris un autre travers, pourront dire certains, je lisais pour moi-même le programme de l'agrégation de lettres classiques et de lettres modernes. Cette passion ne m'a jamais quitté. Bien plus tard, après ce maelstrom médiatico-judiciaire, alors que je parcourais les rayons d'une librairie lilloise, une charmante et primesautière libraire m'a abordé, me demandant d'un air incrédule : « Après ce que vous avez vécu, ne me dites pas que vous allez tenter l'agrégation de lettres ! »

Avec le recul, je me dis que j'aurais mieux fait de choisir d'être professeur d'université, en droit, en littérature ou en cinéma, plutôt que magistrat. D'autant que l'université est un être vivant, vous vous en apercevez en cas de changement politique, lors d'un événement international. Je me souviens d'un professeur en relations internationales chahuté, voire violenté, pour ses prises de positions propalestiniennes par des étudiants prosionistes.

Finalement, cette époque ne fut pas aussi difficile que je me l'imaginais…

Pourquoi devient-on magistrat ?

De mon temps, les télévisions n'étaient pas encore abreuvées par ces séries à la française sur la justice que sont « Femmes de loi », « Le juge est une femme », « Avocats et associés ». Les scénarios des films de la série « Mon curé chez… »

passeraient pour de véritables bijoux d'orfèvrerie à côté de ceux-ci. Car si ces téléfilms veulent donner une image de la justice, je suis prêt à offrir aux réalisateurs et aux scénaristes un Code de procédure pénale. Imaginez une ou un magistrat toujours sur les lieux, proposant à une policière de la faire nommer à une brigade criminelle, un avocat général, reconnaissable à sa toge rouge, enquêtant, c'est tout et n'importe quoi.

Mais voilà, le malheur voulut que j'eusse la vocation.

On peut réellement parler de vocation, car je n'étais pas issu du sérail, je n'avais aucun juge, aucun procureur, ni même le moindre tabellion ou juriste dans ma famille. J'idéalisais la fonction de magistrat, que j'assimilais au fait de rendre la Justice ; bien des années après, je m'aperçois que je n'ai fait qu'appliquer la justice, avec une minuscule. Je souligne à dessein.

À ce sentiment s'ajoutaient des exemples fameux : souvenez-vous du juge Renaud, abattu de trois balles de Geco 8 spécial (dont deux tirées dans la nuque à bout portant) le 3 juillet 1975 à 12 h 42, devant son immeuble La Vigie, situé au 89 de la montée de l'Observance à Lyon. De même, rappelez-vous le juge Michel, assassiné de trois balles de 11.43 par deux tueurs à moto à

Marseille, sur le boulevard Michelet, à 12 h 49 le 21 octobre 1981.

Un magistrat m'a particulièrement marqué. Il s'agit du juge Gilles Boulouque, qui s'est donné la mort le 13 décembre 1990. En raison de sa pugnacité d'abord, mais aussi parce que non seulement la chancellerie avait autorisé son inculpation pour violation du secret de l'instruction, mais encore et surtout parce qu'il était chargé de travaux dirigés à l'université Paris-I et qu'à cette occasion, j'ai pu le côtoyer et me rendre compte de sa part d'humanité, voire de trop grande humanité.

Mais, aujourd'hui, je me fais l'impression d'être un acteur ou une midinette qui suit le cours Simon pour avoir de grands rôles et finit, au mieux, dans des navets, au pire, dans des films X.

Ce n'est certes pas le salaire qui me poussait dans cette fonction ; à l'heure actuelle, un magistrat perçoit dans les 2 000 euros par mois à ses débuts, après sept ans d'études et un peu plus de 4 500 euros en fin de carrière. Bien sûr, à cela s'ajoutent des primes, mais elles dépendent de la fonction et ne sont pas comprises jusqu'à présent dans le calcul du montant de la retraite.

En outre, le traitement est fonction du grade d'appartenance et le passage de grade à grade se fait au mérite. Or on peut être un excellent juriste et ne pas être considéré par sa hiérarchie comme un magistrat digne de monter en grade.

J'avais choisi Saint-Brieuc, étant sans attaches ; en outre, j'ai toujours aimé la mer, ne serait-ce qu'en raison de Baudelaire et de son fameux « Homme libre, toujours tu chériras la mer ». Saint-Brieuc est la patrie natale de Louis Guilloux, écrivain engagé, de Villiers de L'Isle-Adam, de Patrick Dewaere et, comme on n'échappe pas à son destin, de Bernard Hinault, né à quelques kilomètres de là, à Yffiniac. Ce stage aurait dû être pour moi un premier signal d'alerte, mais ce n'est que maintenant que j'ai conscience que mes premiers contacts avec le monde de la magistrature auraient pu me faire perdre mes illusions : mesquinerie, arrivisme, méfiance vis-à-vis de l'indépendance d'esprit – l'un de mes maîtres de stage en fit d'ailleurs les frais –, un certain mépris pour le justiciable, voire pour les fonctionnaires du corps judiciaire.

L'heure du choix

Retour à Bordeaux, où est organisé l'examen de sortie et de classement dont dépend le choix de la première affectation. Là aussi, en dépit de l'affichage de bonnes volontés politiquement correctes qui peuvent être résumées par « À bas le classement qui ne veut rien dire, non à une sélection arbitraire », la lutte s'avère acharnée, phénomène annonciateur de la conception de la carrière. Pour ma part, je choisis de donner la préférence à la fonction plutôt qu'au lieu, j'optai donc pour celle de juge d'instruction à Chaumont en Haute-Marne.

4

Premiers pas dans la justice

> « La justice, c'est comme la Sainte Vierge, il faut la voir de temps en temps, sinon le doute s'installe. »
>
> Michel Audiard

C'est donc en février 1991 que je fus nommé en tant que juge d'instruction à Chaumont. Mais outre ce premier pas dans la carrière, ce qui m'a également marqué cette année-là, c'est le décès de Serge Gainsbourg, le 2 mars. En janvier, François Mitterrand annonçait à l'Assemblée nationale l'entrée en guerre de la France aux côtés de ses alliés en Irak. Je retiens également qu'en octobre émergeait l'affaire dite « du sang contaminé », dont les premières inculpations ont eu lieu le 21 octobre.

Chaumont peut, avec Langres, s'enorgueillir d'être l'une des plus jolies villes de la Haute-Marne. Mais cette ville souffre d'être tournée surtout vers le tertiaire, ce qui explique qu'elle soit avant tout une ville de passage. Peut-être les cinéphiles connaissent-ils de Chaumont les images du viaduc sous la neige qui clôturent *Le Pacha* de Georges Lautner.

Pour ma part, j'arrivai à Chaumont en février, également sous la neige. Notre ministère encourage la mobilité, mais ne fait rien pour la faciliter. C'est à chacun de se débrouiller pour se loger.

L'installation du magistrat débute par une prestation de serment au siège de la cour d'appel. Il est régi par l'article 6 du 22 décembre 1958 en ces termes : « Je jure de bien et fidèlement remplir mes fonctions, de garder religieusement le secret des délibérations et de me conduire en tout comme un digne et loyal magistrat. » Il est difficile de donner une idée du degré d'épanouissement où me faisait parvenir cette formalité. C'était la première jouissance d'amour-propre que j'eusse jamais éprouvée.

Le 13 décembre 2006, un projet de loi a souhaité le modifier en ce sens : « Je jure de me comporter en magistrat digne et loyal, impartial, libre, intègre, diligent, respectueux de la loi, des droits de toutes les parties, du secret professionnel et du droit de réserve. Tout manquement à l'une de ces obligations constituerait une faute disciplinaire. » Ce qui a provoqué l'ire de certains syndicats, l'analysant, eu égard à la mention du droit de réserve, comme un serment de soumission.

Par-delà ce serment, un autre me tenait plus à cœur. Je m'étais engagé à être parfaitement sincère envers les autres et de tout dire franchement à autrui sur moi-même, sans fausse honte. Quoi qu'on dise de moi, quelle que soit la façon dont on me juge, de ne me laisser intimider par rien, de ne pas avoir honte de mon exaltation, de mon entraînement, de mes erreurs et de maintenir droite ma ligne. « Encore un jeune juge en bois brut à qui l'on confie une fonction trop importante », pourrait-on me dire. Cette réflexion peut se justifier à l'aune des affaires d'Outreau, Villemin. Mais le temps ne fait rien à l'affaire. Au moment de l'affaire de Bruay-en-Artois, le juge Henri Pascal était âgé de

52 ans ; lors de l'affaire Grégory, le juge Lambert avait 32 ans.

Quelques souvenirs marquants traversent ma mémoire. À l'époque, lorsqu'une enquête était diligentée à l'encontre d'un mineur, il était de coutume d'envoyer une demande d'enquête de personnalité à la gendarmerie ou au commissariat de la localité où avait vécu l'intéressé. J'avais justement demandé à la fameuse gendarmerie de Saint-Tropez une telle requête. Au titre de cette demande de renseignements figurait notamment la question : « Y a-t-il plusieurs enfants et sont-ils de lits différents ? »

Vous ne devinerez jamais la réponse qui me fut faite ? « Il y a plusieurs enfants, et ils dorment tous dans des lits différents. »

Ça ne s'invente pas. Lorsque j'ai lu cette réponse, confusément en moi me revinrent des souvenirs cinématographiques, et notamment la série *Le Gendarme de Saint-Tropez*, que je regardais avec mes parents dans un cinéma installé en plein air dans un camping de Saint-Aygulf. Je me suis imaginé Cruchot et Gerber en train de rédiger le procès-verbal.

Parfois, ce sont des expressions employées mal à propos qui peuvent faire sourire, fût-ce dans les situations les plus dramatiques. Ainsi, un gendarme me faisait un compte rendu d'un suicide par arme à feu. Il finit son exposé en me disant que la victime avait placé le canon de son arme sous le menton et que le « trou de balle » avait été retrouvé dans le mur. Face à mon air quelque peu interloqué et dubitatif, il me réitéra les mêmes explications en insistant à nouveau sur le « trou de balle ».

Ce n'est qu'au bout de plusieurs redites qu'il a employé le terme « orifice de sortie », plus approprié et plus conforme à ce que l'on attend d'un professionnel.

Parfois, les reconstitutions peuvent donner lieu à des scènes cocasses. Ainsi, après un accident de chasse, pour apporter toutes explications utiles à la manifestation de la vérité, les gendarmes avaient confectionné une biche en carton et, l'exhibant, déambulaient dans la forêt.

À côté de ces moments drôles, il y a des souvenirs dramatiques ou pathétiques.

Telle la première fois où le directeur de la maison d'arrêt m'a annoncé le suicide d'un détenu que j'avais inculpé. Bien des années après, ce souvenir me hante.

Tel également le cas de ce petit garçon victime d'une erreur médicale, condamné à passer sa vie dans une coquille à la suite d'une opération bénigne, erreur aggravée par l'arrogance et de la morgue de l'un des médecins, et de l'attentisme d'un de mes prédécesseurs.

Autre exemple : ma première reconstitution sur le plateau de Langres par un froid glacial, de très bonne heure le matin. Il s'agissait du meurtre d'une jeune fille par deux jeunes gens, dont l'un était son petit ami, pour une somme d'argent dérisoire et une carte bleue. La jeune fille avait été poignardée et achevée à coups de pierres.

Puis, déjà, la réputation de chat noir.

C'était en 1992. Pour la première fois depuis bien longtemps, j'avais pris des vacances. En Grèce, pendant deux semaines : coupure totale, pas d'informations, pas de coups de téléphone intempestifs… À mon retour de Grèce, à l'aéroport français, des titres de journaux français attirèrent mon attention. Des camions transportant des déchets hospitaliers, dont une prothèse de jambe en provenance d'Allemagne, avaient été interceptés par les douanes dans une carrière désaffectée à Neuilly-sur-Suize, à proximité de

Chaumont. À peine débarqué et revenu dans la préfecture haut-marnaise, je me mis au travail. L'enquête permettait de mettre en évidence que ce trafic concernait, outre la Haute-Marne, la Marne et la Moselle. Très vite, les investigations permettaient l'interpellation du gérant d'une société de recyclage, celui de l'entreprise ayant assuré le transit des déchets et le responsable de la gravière, censée développer une activité de tri et de recyclage de déchets plastiques.

Le rythme quotidien de déchargement était de dix camions transportant notamment des poches de sang, des cathéters, des seringues usagées, et ce, durant une période d'un à deux ans. Très vite, on s'apercevait que des entreprises allemandes étaient impliquées, la législation outre-Rhin étant nettement plus sévère que la législation française.

Les infractions retenues concernaient l'exploitation d'installations classées sans autorisation, l'importation illégale de marchandises prohibées et dangereuses, dans la mesure où les déchets hospitaliers devaient obligatoirement être brûlés.

Le 5 septembre, trois autres personnes étaient interpellées pour les mêmes faits, des responsables d'une décharge située à Artemare et un intermédiaire situé dans la région lyonnaise.

Le 2 septembre, les investigations avaient également permis la mise en cause d'un gérant d'une société située à Montpellier, à la suite de la découverte de déchets hospitaliers allemands parmi 250 tonnes de ballots ; entre mars et septembre 1992, c'est près de 600 tonnes de déchets hospitaliers et ménagers allemands qui avaient été importés.

Une commission rogatoire internationale était diligentée afin d'effectuer une enquête en Allemagne, mais les autorités allemandes tardaient à donner leur feu vert à la venue d'enquêteurs français.

Très rapidement, en raison du bruit médiatique, l'affaire intéressa le monde politique. Le ministre de l'Environnement à l'époque était Ségolène Royal qui, dès le 16 août – l'affaire datant de la première semaine du mois en question –, assurait qu'elle transmettrait à la fin du mois à son homologue allemand un décret du gouvernement français prohibant l'importation de déchets domestiques non dangereux. Quant au ministre du Budget, Michel Charasse, il demandait aux douaniers de contrôler systématiquement tous les déchets.

Mais ce problème ne datait pas du mois d'août 1992. C'est ainsi qu'en novembre 1991 plusieurs camions transportant des déchets de même type avaient été interceptés dans une décharge de l'Aube, département voisin.

Ce constat avait incité Sylvie Mayer, députée européenne et responsable des questions d'environnement au PCF, à rappeler dans une interview à *L'Humanité* : « En raison de la vigilance des populations allemandes, la législation sur les déchets est extrêmement sévère outre-Rhin. Ce qui conduit les entreprises allemandes à stocker leurs résidus là où cela coûte le moins cher, en France, où la tonne mise en décharge coûte quatre fois moins cher qu'en Allemagne. Notre pays devient la poubelle de l'Allemagne, comme elle devient son vassal économique. »

À l'époque, 55 % du million de tonnes de déchets qui entraient chaque année en France venaient d'Allemagne (dont 700 000 tonnes d'ordures ménagères, 168 000 tonnes de déchets industriels et 243 000 tonnes de déchets dangereux).

Conséquence : prévue de longue date, la rencontre de Ségolène Royal et de son homologue allemand, Klaus Töpfer, fut finalement avancée. Il en résulta notamment un communiqué commun.

Autre conséquence de l'intervention judiciaire, un décret d'août 1992 est venu réglementer plus sévèrement l'importation des ordures ménagères.

Mais dans le même temps, pour protester contre ce texte, une cinquantaine de poids lourds d'un sous-traitant d'un transporteur, spécialisé dans l'acheminement des déchets ménagers, manifestait dans la ville de Metz. Quant au transporteur, il déclarait qu'il licencierait trente-quatre de ses trente-six salariés et il entamait une grève de la faim.

Pour mémoire : l'affaire se déclenchait à environ un mois du référendum sur la ratification du traité sur l'Union européenne de Maastricht et à une période où le non était crédité de 46 % à 47 % d'intentions de vote.

Finalement, c'est bien après mon départ de Chaumont que le procès eut lieu. Pas moins de quatorze personnes, toutes de nationalité française, furent jugées à compter du 25 septembre 1995. La juridiction avait estimé à 2 tonnes le volume des déchets hospitaliers sur les 4 500 importées.

Quels enseignements peut-on retirer de cette affaire ?

Déjà une tendance du politique à intervenir et à réagir dès lors qu'il y a une affaire judiciaire médiatique, alors que bien souvent le problème aurait pu être réglé en amont.

Pour qu'une affaire judiciaire soit menée jusqu'à son bout, encore est-il nécessaire que le parquet et la hiérarchie du juge d'instruction ne soient pas interventionnistes et soient peu sensibles aux pressions politiques – car je sais que des coups de téléphone étaient donnés quasi quotidiennement des différents ministères concernés, et pas uniquement de la chancellerie au parquet, et en dépit de cela on m'a laissé travailler, mais les temps ont changé.

C'est donc d'un cœur léger, en ayant encore pleinement confiance, que je partis pour Lille, où je fus nommé en 1993.

5

Enfin une famille

« Lorsque l'enfant paraît… »
Victor Hugo

Tout être humain a la volonté de construire ce qu'il n'a pas vécu enfant. Moi, c'était une famille, une grande et belle famille. Un père qui sacrifierait son travail pour voir grandir ses enfants, s'en occuper jusqu'à plus soif, leur faire découvrir la littérature. Un mari qui serait attentionné envers sa femme. Mais il me manquait un élément essentiel. Quelqu'un qui puisse s'intéresser à moi.

La première fois que je vis celle qui allait devenir mon épouse, ce fut dans mon cabinet, au parquet de Lille, ville dans laquelle je venais d'être nommé. Elle me fut présentée en tant que ma future greffière par le président du tribunal et la greffière en chef. Je tombai littéralement sous le charme, raide amoureux. Jusqu'alors, j'avais toujours entendu parler du coup de foudre sans jamais y croire, mais là, Cupidon avait fait mouche.

Jusqu'alors, je me disais : « Mais qu'est-ce qu'ils ont tous avec leur amour, est-ce que quelqu'un m'aime, moi ? »

Je ne pense pas que ni la maîtresse de Titien, ni la *Mona Lisa* de Léonard de Vinci, ni la *Fornarina* de Raphaël m'eussent fait autant d'effet que celle qui allait devenir ma femme la première fois où je la vis.

Yeux bleus, blonde – ça, je l'ai su plus tard car elle avait une grande faculté de changer de coupe et de teinte de cheveux –, un teint de lait, une Nordiste dans toute sa fraîcheur… Et à côté de cela, moi, petit, malingre, brun, bourré de complexes, yeux verts, sourcils noirs et épais, le nez ni camus, ni aquilin, ni gros, ni pointu. Bref, « un ver de terre amoureux d'une étoile ».

Ainsi, pour la première fois de ma vie, j'aimais, je gardais dans mon cœur un nom mystérieux, j'aspirais aux douceurs de l'hymen, j'enviais l'eau qui fuyait, le nuage qui volait. Je sentais mon âme se fondre au son de ses paroles. Je ne cherchais qu'un regard, qu'une fleur, qu'un soleil. Tout glissait : les remarques acerbes, les propos prétentieux, les ennuis professionnels.

J'observais tous les mouvements de son corps, toutes les ombres de sa peau, toutes les expressions et les transparences des yeux, tous les secrets de sa physionomie, l'entière émanation de son charme troublant. Je m'imprégnais d'elle comme une éponge se gonflant d'eau.

Mais avant de devenir mon épouse, elle fut ma greffière, et même une excellente greffière, la meilleure. C'est la seule greffière que j'aie invitée au restaurant à de nombreuses reprises. Il s'agissait de lui faire comprendre que j'étais l'homme le plus heureux du monde en sa compagnie. Elle pensait, *a contrario*, que j'étais le juge d'instruction le plus consciencieux de France, qui prenait sur les heures de pause pour continuer à parler de ses dossiers ! Sa méprise ne dura pourtant qu'un temps, des bonnes âmes s'étant aperçues de mes sentiments et n'ayant pas manqué de le lui faire perfidement savoir.

Et comme par hasard, ce sont les anecdotes les plus drôles qui me reviennent en mémoire lorsque je repense à ce moment de ma vie. Je me souviens d'un week-end particulièrement éprouvant, eu égard à la masse de travail. Arrivés à 8 h 30, nous avions dû finir aux alentours de 22 heures. La matinée avait commencé sous des auspices qui ne s'annonçaient pas bons. Dans l'ordre de l'entrée en scène, un inculpé agité commença sa déclaration par sa volonté de déposer plainte à l'encontre des policiers qui l'avaient mis « sous scellés ». Avouez que pour garder son sérieux, il y a mieux.

Croyez-vous que les choses soient allées en s'améliorant ? Que nenni !

Un dossier particulièrement délicat, où la gravité était de rigueur. Il s'agissait d'un viol. Le mis en cause avait été interpellé. Il m'est présenté.

Lorsqu'il est entendu sur les faits, il les reconnaît et précise qu'à ce moment-là il a vu une étoile – l'histoire ne dit pas s'il s'agissait de celle du berger, ou de Galilée – et a compris que Dieu lui disait que c'était bien.

Vient le moment de la retranscription. Déjà quelque peu échaudé par la première affaire, je murmure, sur la réserve : « Il dit qu'il a vu une étoile », et ma greffière de m'interroger : « Il a vu quoi ? » Je répète, ayant les plus grandes difficultés à ne pas pouffer : « Il dit qu'il a vu une étoile. »

Sur ces entrefaites arrive le parquetier, brave garçon au demeurant, mais, comment dire, quelque peu dans la lune – vous me direz, lune ou étoile, on reste dans le domaine de l'astrologie –, qui me demande sur-le-champ et sans désemparer quelles sont les déclarations de l'inculpé. Et moi de répéter : « Le monsieur a dit qu'il a vu une étoile. »

Bref moment de silence, regards entrecroisés, raclements de gorge, et le substitut de dire tout de go : « C'est cela, oui, c'est cela… »

Bien après, un mis en cause dans un dossier d'agression sexuelle est entendu par mes soins. Pour imaginer la scène, il faut savoir que mon bureau était un réduit, l'avocat devait s'asseoir à côté de son client ; en l'espèce, il s'agissait d'une avocate. Déjà, coup d'œil en biais du défenseur à son client, compte tenu de la nature des faits, éloignement de l'assistante de justice. Vient la lecture du rapport du contrôleur judiciaire : « M. X, compte tenu de ses soucis d'alcool, a des problèmes de retenue sphinctérienne. Notre bureau en a pâti et nous avons été dans l'obligation de le nettoyer, après le départ de l'intéressé. » Alors là, il ne s'agit plus d'un simple éloignement, mais d'une fuite, la débâcle, la retraite de Russie…

Mais tout ne fut pas aussi rose. Je me souviens de dossiers particulièrement lourds à gérer. L'un d'eux, dont j'avais hérité à mon arrivée, reçut le nom de « Patrick Keil et les quarante dealers ». En quelques mots, il s'agissait d'une famille d'origine marocaine qui, en contrepartie du gîte, du couvert et de quelques picaillons, obligeait des clandestins à dealer de l'héroïne, de la cocaïne et du haschich.

La famille fut interpellée à l'aéroport de Lesquin. La mère de famille fut trouvée porteuse d'argent, de bijoux, et notamment d'une montre Festina (c'est à croire que je suis marqué par le destin). Elle a déclaré qu'elle avait trouvé cette montre dans le métro. Les condamnations furent pour une fois à l'échelle du trafic.

D'autres affaires furent l'illustration de la force du destin. Une tout particulièrement. Il s'agissait d'un assassinat perpétré par deux jeunes hommes et la mère de l'un d'eux à l'encontre du mari de cette femme. Ce dernier, alcoolique au dernier degré, était violent, n'hésitant pas à frapper son épouse. Il fut tué à l'aide d'une arme à feu. Pour se débarrasser du corps, plusieurs solutions furent envisagées : le découper pour le mettre dans les égouts, le donner à manger aux cochons, le tremper dans de la chaux vive. Le corps fut découvert, l'autopsie, outre le coup de feu létal, mit en évidence que l'homme n'avait plus que six mois à vivre du fait de son cancer.

Le climat professionnel interdisait donc toute interférence personnelle, encore moins amoureuse. Parler d'amour, de ciel bleu, de fleurs, d'avenir au milieu d'un univers fait de mort, de sang, de crapules semblait mission impossible, même pour Don Juan lui-même. Pour que je déclare ma flamme, il me fallut patienter. Pis, elle sollicita sa mutation pour Avesnes-sur-Helpe pour raisons personnelles. Moi, je restai à Lille. Paralysé, je n'avais jamais osé lui déclarer ma flamme, par crainte d'essuyer un refus catastrophique.

Nous nous revîmes en 1995. Nous vécûmes ensemble à compter de l'été 1996, et c'est le 22 février 1997 que nous nous mariâmes en la mairie de Cartignies. Je ne retiens de cette année que ce 22 février, l'un des plus beaux jours de ma vie avec ceux de la naissance de mes enfants.

Quand je pense à notre vie commune, je me dis que j'aurais dû faire des efforts.

Notamment en ce qui concerne le permis de conduire. Qu'est-ce que vous voulez ? Je n'ai jamais pu l'obtenir. Ce n'est pas faute d'avoir essayé, j'ai hanté les salles d'attente de nombreuses auto-écoles. Si le code avait été rapidement assimilé, mes cours de conduite devinrent le cauchemar des moniteurs, convaincus que leur dernière heure était arrivée. Bigre !

J'ai horreur de la civilisation automobile. Pour moi, c'est devenu synonyme de « beaufitude » : s'imposer en premier partout, être le premier au feu, au stop, au rond-point, s'insérer le premier dans la file, faire des queues de poisson, des doigts d'honneur, klaxonner…

Sur le plan professionnel, j'ai beaucoup croisé, sans meurtrier jeu de mots, ceux qui prennent l'autoroute à contresens, ceux qui circulent sur la bande d'arrêt d'urgence, capot ouvert et plus de quatre grammes d'alcool dans le sang, prétendant qu'ils n'ont pas l'habitude de boire, ceux qui, sous prétexte d'un démarrage pas assez rapide, d'un ralentissement trop brusque, d'une queue de poisson, descendent, détruisent le véhicule de leur protagoniste, quand ils ne démolissent pas la figure du protagoniste...

Mais si j'avais obtenu mon permis, j'aurais sacrément simplifié la vie de mon épouse.

Nous vivions à la campagne. Or j'avais toujours vécu en ville : Paris, Saint-Brieuc, Lyon, Chaumont, Lille. Je n'aime pas la campagne, on dirait un tombeau, ça n'a de charme que pour ceux qui ne sont pas obligés d'y rester. Parlez de la campagne à un paysan, il y a fort à parier qu'il ne l'aime pas, et c'est normal, car pour lui c'est son travail.

J'aurais dû être moins individualiste, soigner cette propension à voir tout en noir...

Malgré tout, j'aurais voulu me sacrifier pour elle d'une façon absolue, car lorsqu'on aime, il n'y a rien de meilleur que de donner toujours, sa vie, sa pensée, son corps, son âme, tout ce qu'on a, et de sentir qu'on donne, et d'être prêt à tout risquer pour donner encore plus. Je l'aimais, jusqu'à aimer souffrir pour elle, jusqu'à aimer mes inquiétudes, mes tourments...

Mais voilà, j'avais vécu trop longtemps tout seul, j'avais été trop longtemps vieux garçon.

On doit rester jeune, curieux, enthousiaste. Quand on n'est plus tout cela, il devient dangereux de rester libre, car ce n'est plus tant la liberté que j'aimais, c'était le vide, le vide partout, c'était le chemin de la mort, sans rien qui puisse empêcher de voir le bout.

Nous eûmes trois beaux enfants. Louis, né le 9 octobre 1997 à Fourmies, Camille et Manon, nées le 15 décembre 1999 également à Fourmies. Tous les trois blonds comme leur maman. Louis a les yeux bleus, Camille et Manon ont les yeux verts. Heureusement que leur maman a de très bons gènes, ils ont hérité de sa beauté. Ce fut un véritable bonheur de les avoir, de les voir grandir, de les entendre prononcer leurs premiers mots.

La naissance de mes enfants eut un effet sur mon travail. Je ne pouvais plus supporter les affaires d'enfants victimes : les photographies, les témoignages, les expertises médicales, psychologiques ou psychiatriques me renvoyaient systématiquement à eux.

Grâce à mon ex-épouse, lorsque je serai arrivé au soir de ma vie, je pourrai dire que j'ai eu, tout au moins une femme dans mon existence. « Grâce à elle, une robe a passé dans ma vie. »

Assis devant l'ordinateur, sachant que tout a une fin, j'ai plusieurs regrets. Celui de ne pas avoir su murmurer, dire, hurler à mon épouse que je l'aimais.

Et, au-delà, de ne pas avoir la possibilité de partir ensemble, de tout abandonner, de fuir sans que rien puisse nous retenir.

De ne pas avoir la faculté de lui dire : « Te souviens-tu ? » Que nous ne puissions pas évoquer le temps passé, les jours sombres, les moments heureux, les naissances des enfants, leurs premières dents, leurs examens, nos premières rencontres, les amis communs, les repas. De ne plus devoir traverser la ville à la recherche de ceci ou de cela, nous arrêtant devant les magasins et riant. De ne pas avoir l'opportunité de voyager ensemble, de voir la campagne défiler, de regarder les champs, les petites maisons pimpantes, les gamins courir… De ne pas pouvoir se regarder une dernière fois avec un sourire complice et se dire : « C'est peut-être ce que nous avons eu de meilleur. »

Peu avant notre séparation, je me suis tourné en pleurs vers ce bonheur passé. Je voyais, sans espoir qu'il renaisse, se faner mon printemps, mon matin, ma jeunesse. J'avais perdu l'illusion, l'espérance et je me sentais vieillir sous le poids croissant du repentir. Je souhaitais tellement revenir à cet âge où je ne dormais pas. Je me demandais pourquoi et comment j'avais pu détruire son bonheur. J'aurais voulu m'enfermer tout un jour pour relire quelques lettres d'amour. Si seulement j'en avais reçues… J'avais perdu toute confiance en moi, je lisais dans son regard les mots qu'elle n'osait dire. Le refus d'une mutation à la Réunion avait parachevé la désunion, anéantissant tous les espoirs d'une nouvelle vie. Nous ne ferions pas table rase du passé, comme nous nous l'étions presque joyeusement promis. J'avais voulu casser le Tour de France, je ne ferais donc pas le Tour de la Réunion. Saint-Denis ne pointerait pas sous Festina !

6

En selle

« Il ne faut pas toucher aux idoles, la dorure en reste aux mains. »
Gustave Flaubert, *Madame Bovary*

Que faisiez-vous le 8 juillet 1998 ? Peu de personnes s'en souviennent, tant il est vrai que les Français retiennent surtout la date du 12 juillet où la France, organisatrice de la Coupe du monde de football, remportait le titre. Certaines mauvaises langues, dont je ne fais pas partie, diraient qu'il ne pouvait en être autrement. Pour ma part, c'est le 8 qui m'a le plus marqué. C'était mon dernier jour de permanence et je descendais au service du traitement des procédures du parquet afin de m'enquérir des nouvelles affaires. Mon collègue m'informa de l'interpellation à Neuville-en-Ferrain, plus précisément route de Dronckaert, au volant d'un véhicule estampillé Festina, d'un soigneur de l'équipe cycliste, en possession d'un stock de 500 doses de produits dopants et assimilés aux stupéfiants : testostérone, amphétamines, hormones de croissance, erythropoïétine dite EPO. Un désagréable frisson me parcourut l'échine, même si j'étais loin de me douter le maelström médiatique que cela allait déclencher.

L'année 1998 fut haute en couleurs. Le 7 janvier débute l'affaire Monica Lewinsky. Le 25 juin, le grand chanteur kabyle Matoub Lounès est assassiné par des terroristes. Cette année-là marque le début du conflit entre l'Éthiopie et l'Érythrée. Début août est déclenchée la guerre au Congo. Le 2 août, des missiles sont lancés par l'United States Navy sur une usine pharmaceutique au Soudan, au prétexte que des services secrets pensent qu'elle est dirigée par Oussama Ben Laden et sert à des armes chimiques. Le même jour, une douzaine de missiles de croisière sont également lancés par les États-Unis sur des camps dits d'entraînement présentés comme activés par le même Ben Laden. Le 7 août, des attentats contre les ambassades américaines sont perpétrés au Kenya et en Tanzani. La Corée du Nord nomme Kim Jong-Il chef suprême. Du 16 au 19 décembre, l'opération *Renard du désert* (attaques aériennes des forces américaines et britanniques sur l'Irak) est lancée.

Malgré tous ces événements, l'affaire Festina passionna et divisa la plupart des Français.

Je me souviens tout particulièrement d'un vendredi où j'étais attablé avec des amis dans une brasserie à Lille. À une table voisine, d'autres clients vantaient Richard Virenque et se délectaient plus de la perspective de l'épreuve que de ce qu'il y avait dans leur assiette. Je me disais en moi-même : « Aïe, aïe, aïe… »

Je suis obligé de vous parler des occupants de notre table, plus liés que « les copains » de Jules Romain, plus déjantés que Plastic Bertrand et les discours de Dali réunis. Ils s'aimaient les uns les autres, soudés autour du patriarche, Jacques Bossut, décédé depuis accidentellement dans la périphérie de Bruxelles, chef d'entreprises, président d'une communauté Emmaus près d'Armentières. Sa magnifique moustache rivalisait avec celle d'un autre ami disparu lui aussi, Ronny

Coutteure. Cher Ronny et son Institut de bièrologie *(sic)*… Jacques disait aux autres qu'il les aimait en leur envoyant des bourrades retentissantes. Le cœur bourru à l'état pur. Mais quel cœur ! Il y avait aussi Jean-Michel, que j'ai retrouvé par hasard dans les couloirs du métro lillois début 2009. Depuis, il est convaincu que cette rencontre est l'œuvre d'une intervention *post mortem* du patriarche. Jean-Michel, qui venait d'accompagner au cimetière sa fille unique, partie à l'âge de 26 ans. Quand, dans l'église comble où l'on célébrait les obsèques de son enfant, s'égrenèrent les notes et les mots de *Vole* de Céline Dion : « Vole, vole, petite aile, ma douce, mon hirondelle… », des hirondelles firent irruption dans l'église, devant l'assistance médusée et pétrifiée, et tournèrent en rond au-dessus du cercueil avant de repartir. Le papa malheureux prit cela comme un signe et retrouva plus tard la sérénité, en dépit de crises d'angoisse et de tristesse dévastatrices. Il s'initia à l'holopsonie, forme de méditation par la musique.

J'appris plus tard, lors d'un de nos entretiens téléphoniques (je l'ai aussi beaucoup sollicité financièrement à l'époque), qu'il avait rencontré l'amour de sa vie. Un petit bout de femme aux yeux d'une beauté sans égale, et un cœur, un altruisme qui avaient du mal à tenir dans cette silhouette si harmonieuse et si frêle en même temps.

Il me disait que son âme se reposait aux côtés de la femme la moins reposante qui fût ; elle avait compris d'instinct comment tailler la pierre brute qu'il était. Et cela n'allait pas sans chamailleries et bouderies. Ils étaient dans le fusionnel. Qui risquait de durer un long bail.

Mais revenons à l'affaire. Pour ma part, je pensais et je pense encore que cette affaire était moins préoccupante que l'ensemble des dossiers que mes collègues et moi-même avions à traiter quotidiennement. Le respect de l'intégrité de la personne humaine, son inviolabilité, son intangibilité, sa protection n'étaient pas en cause. Il ne s'agissait pas non plus d'atteintes à la propriété privée. Et ce, d'autant plus que le dopage dans le cyclisme n'était pas une nouveauté.

Dès le début des années 1920, les frères Pélissier Henri et Francis racontent à Albert Londres leur expérience du Tour[1]. Aux deux frères

1. Dans *Les Forçats de la route* : – Vous n'avez pas idée de ce qu'est le Tour de France, dit Henri, c'est un calvaire. Et encore, le

Pélissier, auxquels il conviendrait d'ajouter Charles. Henri, grand champion, indépendant et rebelle, est mort prématurément en 1935, tué d'un coup de pistolet tiré par sa compagne Camille ; quant à Francis, il finit directeur sportif et entraîna Jacques Anquetil à ses débuts.

Face à cette mise au point, Henri Desgrange – auquel seul Henri Pélissier pouvait s'opposer en lui disant : « Je m'appelle Pélissier, pas Azor » –, organisateur du Tour de France jusqu'en 1936, répliqua par un éditorial cinglant

---

chemin de Croix n'avait que quatorze stations, tandis que le nôtre en compte quinze. Nous souffrons du début à l'arrivée. Voulez-vous voir comment nous marchons ? Tenez... *De son sac, il sort une fiole.* – Ça, c'est de la cocaïne pour les yeux, ça c'est du chloroforme pour les gencives... – Ça, dit Ville, vidant aussi sa musette, c'est de la pommade pour me chauffer les genoux. – Et des pilules ? Voulez-vous voir des pilules ? Tenez, voilà des pilules. *Ils en sortent trois boîtes chacun.* – Bref ! dit Francis, nous marchons à la « dynamite ». *Henri reprend* : – Vous ne nous avez pas encore vus au bain à l'arrivée. Payez-vous cette séance. La boue ôtée, nous sommes blancs comme des suaires, la diarrhée nous vide, on tourne de l'œil dans l'eau. Le soir, à notre chambre, on danse la gigue, comme saint Guy, au lieu de dormir. Regardez nos lacets, ils sont en cuir. Eh bien ! ils ne tiennent pas toujours, ils se rompent, et c'est du cuir tanné, du moins on le suppose... Pensez ce que devient notre peau ! Quand nous descendons de machine, on passe à travers nos chaussettes, à travers notre culotte, plus rien ne nous tient au corps... – Et la viande de notre corps, *dit Francis,* ne tient plus à notre squelette.

où il accusa les frères Pélissier d'être des milliardaires mal préparés. Henri Desgrange, avant d'être coureur puis journaliste, débuta sa vie professionnelle comme clerc de notaire. Renonçant à devenir avocat, il se consacra au sport. Il établit le premier record homologué de l'heure cycliste validé sur piste le 11 mai 1893. Alors qu'il était journaliste, il devint directeur du Parc des Princes en 1897, puis du Vélodrome d'hiver en décembre 1903 ; depuis 1900, il était directeur et rédacteur en chef d'un nouveau quotidien sportif, *L'Auto-Vélo*, fondé par le marquis de Dion, antidreyfusard, et devenu en 1903 *L'Auto*, à la suite d'un procès perdu avec son concurrent direct, *Le Vélo*.

1903, c'est à cette date que, sur une idée de son journaliste Géo Lefevre, Henri Desgrange devient le maître d'une épreuve sur route inédite, le Tour de France. Il était déjà question d'argent, puisque l'un des objectifs premiers était de « doper » la vente du journal et des vélos.

En 1936, il passe la main, en tant que dirigeant du Tour, à son fils spirituel, Jacques Goddet, dont le père, Victor, gérait les finances du journal *L'Auto*. Ce journal fut interdit de titre à la Libération, avant de devenir, grâce à l'attitude résistante de Jacques Goddet, *L'Équipe*.

Grâce à une souscription, un monument à sa mémoire est élevé au sommet du col du Galibier. Un prix Henri-Desgrange récompense chaque année sur le Tour le cycliste qui franchit ce sommet en tête.

Le pot belge, désignant un mélange de produits dopants, constitué d'amphétamines, d'antalgiques, d'héroïne, de cocaïne, allait devenir une constante sur le Tour.

Les pro et antidopage s'affrontent par plume interposée durant près d'un demi-siècle. Le camp des antidopage est clairement plus faible. C'est ainsi que Roland Barthes fait figure d'exception lorsqu'il écrit en 1957 : « Doper le coureur est aussi criminel, aussi sacrilège que de vouloir imiter Dieu ; c'est voler à Dieu le privilège de l'étincelle[2]. » Les journalistes qui suivent la course sont souvent liés d'amitié avec les coureurs, ils restent donc muets sur le sujet, voire défendent le dopage. Antoine Blondin constate : « Nul ne disconviendra que le dopage puisse être une pratique catastrophique, l'arme illusoire des

2. « Le Tour de France comme épopée », *Mythologies*, Le Seuil, 1957.

plus faibles [...]. À travers lui, une planète où tout devrait s'affirmer dans une allégresse contagieuse – l'audace, le courage, la santé – une planète révèle qu'elle possède sa face d'ombre où tout se tait. » Il poursuit : « On a certes envie de leur dire qu'il ne fallait pas faire ça, mais on peut demeurer secrètement ému qu'ils l'aient fait. [...] Du moins se seront-ils une fois offerts aux acclamations et aux outrages pour que tourne le somptueux manège, ce concours permanent où ils se veulent élus[3]. »

Certains coureurs n'hésitent pas à reconnaître publiquement qu'ils se dopent et que cela fait partie de leur responsabilité individuelle. Jacques Anquetil défend le principe de « préparation optimale » et déclare : « Après tout, l'épreuve du dopage est identique à celle du froid, de la canicule, de la pluie ou de la montagne », avant d'ajouter : « Laissez-moi tranquille, tout le monde se dope. » Quant au journaliste Émile Besson, il avoue : « Il l'a fait devant moi, Jacques, je tenais la porte, alors on peut dire que j'étais complice[4]. »

---

3. *Sur le Tour de France*, La Table ronde, 1996.

4. Extraits des « Miroirs du Tour », documentaire de Christophe Muel, Jean-Maurice Ooghe et Fabien Wille diffusé sur France 2 en juillet 2003.

De même, le général de Gaulle aurait déclaré : « Dopage ? Quel dopage ? A-t-il oui ou non fait jouer *La Marseillaise* à l'étranger[5] ? »

Outre les témoignages des coureurs et des suiveurs du Tour, de nombreux exemples viennent illustrer la généralisation de cette pratique. C'est ainsi qu'en 1960 Roger Rivière est victime d'un malaise dans une descente dans les Cévennes. On retrouve dans ses poches du palfium, un puissant analgésique.

Sous l'impulsion du Dr Pierre Dumas, des contrôles inopinés sont mis en place en 1966, ce qui provoque déjà la grogne du peloton.

Le décès de Tom Simpson, à l'âge de 30 ans, sur les pentes du mont Ventoux, le 13 juillet 1967, aurait dû être un électrochoc suffisant pour tous : organisateurs, coureurs, spectateurs. La fatigue, la chaleur étouffante (36 °C), l'effort, la privation d'eau (le ravitaillement sera autorisé les années suivantes), la prise d'amphétamines, mises en évidence lors de l'autopsie du coureur (des tubes de Tonedron, qui retarde la prise de repos sans l'annuler, furent également découverts dans les poches du maillot), et marginalement

5. Selon *L'Équipe Magazine* du 23 juillet 1994.

l'acceptation de cognac offert par des spectateurs sont les facteurs qui ont provoqué le dépassement des capacités thermorégulatrices du corps, provoquant l'évanouissement. Le coureur est resté allongé quarante minutes à même la caillasse avant de mourir dans l'hélicoptère qui l'emportait à Avignon.

Certes, les contrôles se multiplient, deviennent quotidiens, les premiers coureurs contrôlés positifs sont exclus du Tour dès 1968, mais, très vite, les cyclistes s'adaptent et profitent du silence des médias et des failles des systèmes pour poursuivre leurs pratiques.

Dans les années 1970 et 1980, on assiste à une multiplication des cas de dopage, mais la médiatisation se fait toujours aussi peu diserte. Souvenez-vous des paroles de Guy Béart dans sa chanson *La Vérité*[6].

Les excuses des coureurs ne consistaient pas encore à dire qu'ils avaient été dopés « à l'insu de

6. *J'affirme que l'on m'a proposé beaucoup d'argent / Pour vendre mes chances / Dans le Tour de France / Le Tour est un spectacle et plaît à beaucoup de gens / Et dans le spectacle / Y a pas de miracle / Le coureur a dit la vérité / Il doit être exécuté…*

leur plein gré », mais c'est à qui avait pris un sirop pour la toux ou utilisé un bidon suspect passé par un spectateur.

Parfois, ce sont les instances internationales qui encouragent les coureurs à être malins, comme dans l'affaire Pedro Delgado, en 1988. Quelques jours avant son arrivée en jaune à Paris, le coureur est contrôlé positif à la probénécide. Alors que l'organisation du Tour est plutôt favorable à son exclusion, l'Union cycliste internationale (UCI) met son veto, au motif que si le produit figurait bien sur la liste établie par le Comité international olympique (CIO), il ne figurait pas, à un mois près, sur celle édictée par l'UCI.

À cela s'ajoute la place prépondérante de la télévision. Si le premier reportage en direct d'un sommet alpin se limita à un plan fixe du passage du col, le reportage reprenant deux heures plus tard sur un plan fixe de la ligne d'arrivée, à compter des années 1960 et jusqu'à l'heure actuelle, ce sont de véritables shows télévisuels qui sont organisés, eu égard à la durée et aux moyens mis en place : caméras embarquées sur des motos relayées par des hélicoptères, émissions avant le départ, émissions après l'arrivée, émissions musicales dans certaines villes-étapes.

Pour ce qui est de la discipline du Tour, en 1930, la direction imposa des équipes nationales, de telle sorte que tous les frais étaient pris en charge par les organisateurs, bicyclettes incluses. C'est le journal *L'Auto* qui les achetait directement au fabricant Alcyon, elles étaient jaunes et marquées du A gothique de *L'Auto*. Afin de financer la course, la caravane publicitaire était mise en place avant le passage des coureurs. On revint aux équipes de marques en 1962, sous l'impulsion de Félix Lévitan, directeur de course de 1962 à 1987.

Petite réflexion soumise à la sagacité du lecteur : sachant qu'en 2004 la caravane publicitaire était longue de 20 kilomètres pour 200 véhicules assurant 45 minutes de spectacle sur le parcours journalier de la course et distribuant 11 millions d'échantillons, coupons et autres petits cadeaux de 42 marques différentes, quel en est l'impact financier ?

Selon *Le Canard enchaîné* du 22 juillet 1998, l'année de l'affaire Festina, la société du Tour de France avait encaissé 250 millions de francs de recettes, répartis de la façon suivante : 64 % venant des sponsors, 25 % des droits télévisés,

10 % des villes et villages-étapes, mais aucun renseignement n'avait été fourni sur le bénéfice tiré de la Grande Boucle au journal satirique par Jean-Claude Blanc, directeur général d'Amaury Sport Organisation, la holding contrôlant à l'époque la société du Tour de France, ainsi que *L'Équipe* et *Le Parisien.*

Les équipes étaient financées par des sponsors français et étrangers qui, durant la période concernée, toujours selon *Le Canard enchaîné*, investissaient chacun entre 20 et 35 millions de francs par an. Point n'est besoin d'être grand clerc pour dire qu'en dépit des affaires de dopage ils ne sont pas prêts d'y renoncer, tant les retombées en termes de notoriété dépassent les investissements.

Les 21 villes et villages traversés payaient chacun 780 000 francs de droits à la société du Tour. Mais pour prétendre à accueillir une arrivée ou un départ, voire les deux, les maires doivent accepter des travaux de voirie afin d'éviter les passages trop étroits ou dangereux et de prêter du personnel communal à l'organisation de la course. Selon la même enquête, chaque localité-étape dépensait 2 à 3 millions de francs en moyenne. D'où le sourire radieux pour ne pas dire béat des maires, conseillers généraux ou régionaux, lors des émissions précédant ou suivant la diffusion de l'étape sur les plateaux télévisuels.

La télévision n'était pas en reste, et particulièrement France 2, premier client de la société du Tour avec à l'époque 80 millions de francs de droits, avec cinq heures d'antenne chaque jour.

Contrairement à ce qui se passait dans les premiers reportages télévisés, les émissions commencent de plus en plus tôt, les coureurs sont priés de se singulariser dès les premières difficultés ou sprints. Comme a chanté Brassens, « trompettes de la renommée, vous êtes bien mal embouchées ». Nous avons vu que pour le Tour de France 2009, l'une des conséquences de la suppression de la publicité sur les chaînes publiques à compter de 20 heures va immanquablement concerner le Tour, compte tenu de l'horaire de diffusion, et entraîner une ruée des publicitaires et la cherté de l'écran.

À titre d'exemple, il convient de souligner que les parrains sont présents sous forme de billboards de quatre secondes en coupure ou en reprise d'écran, ainsi que sous forme de rappels de parrainage (incrustation du logo pendant cinq secondes).

Le budget par partenaire avec mini-génériques pour 315 présences est de 870 000 euros brut hors taxes. Le budget par partenaire sans mini-génériques pour 228 présences est de 650 000 euros brut hors taxes. Le pack magazine (comprenant les émissions telles que « Le village du Tour », « L'avant-Tour », « l'après-Tour », « Le film du Tour », « L'image du jour », « Retour sur le Tour ») est ouvert à deux partenaires ; le budget par partenaire est de 620 000 euros.

En 2008, l'édition a rassemblé sur France 2 chaque après-midi 3,4 millions de téléspectateurs pour 37,9 % de part d'audience. La première semaine, 3,1 millions de téléspectateurs avec 37 % de part d'audience, la deuxième semaine 3,7 millions avec 40 % de part d'audience, la troisième semaine 3,7 millions avec 42 % de part d'audience. Hors les grandes empoignades en montagne, ne sont vraiment passionnants que les mots du talentueux Jean-Paul Ollivier, dit « Paulo la Science », aux commentaires géographiques, historiques et cyclistes d'une grande pertinence.

Que l'on se souvienne des propos attribués à un cycliste et rapportés lors du procès Festina : « Écoute, j'ai 29 ans, autant dire que j'ai quelques années pour gagner de l'argent chez les professionnels. Je viens de le dire au docteur et je te le redis : il ne faut pas regarder à une piqûre près. Je sais comment cela fonctionne, je connais le système. Avec moi, faut pas se poser la question. »

On comprend, dès lors, que certains aient accepté, pour l'année 1996, de se voir injecter 115 doses d'EPO, 31 doses d'hormones de croissance, des corticoïdes ou corticostéroïdes qui stimulent la volonté, sont euphorisants et ont des effets antidouleur et anti-inflammatoires, des vasodilatateurs, des immunodépresseurs et des anti-infectieux tels que de la Vibramycine, des antidépresseurs comme le citalopram, nécessaires au réconfort d'une humeur susceptible d'avoir été altérée par la prise journalière de plus d'une dizaine de produits médicaux. Parfois, ils sont même prêts à suivre des cures de clenbuterol (anabolisant vétérinaire béta-stimulant), de somatotrophine, de Durabolin (nandrolone stéroïde), de Pantestone (testostérone).

D'autres acceptent des traitements innovants tels que l'Insulin-Like Growth Factor-I, supposés être plus efficients que les dopants courants.

Le vélo est juste un travail, seulement pour l'argent. Ce sont des pros. De là, fausses larmes, fausse joie…

L'ironie veut que l'on retrouve Festina dans la locution latine *Festina lente*, que l'on pourrait traduire par « Hâte-toi lentement », cette pensée se retrouvant dans un vers d'Auguste : « Le temps n'épargne pas ce qu'on fait sans lui », mis au goût classique par Boileau : « Hâtez-vous lentement et sans perdre courage, vingt fois sur le métier remettez votre courage. »

Les jours qui suivirent me confirmèrent dans mon appréhension. Au début, je n'ai pas voulu voir qu'il était question de gros sous, de sport et que, pour parodier Marx, le sport est l'opium du peuple. Un bon politique au pouvoir a tout intérêt à faire coïncider les réformes les plus impopulaires avec un grand événement sportif. Doit-on pour autant faire sienne la thèse de Jean-Marie Brohm[7] pour qui le sport est capable

7. *Les Meutes sportives*, L'Harmattan, 1993.

d'engendrer la collaboration des dominés à leur domination ? Il ajoute que tant la pratique du sport que le spectacle sportif sont à l'origine d'une forme particulière d'aliénation.

Dès lors qu'on introduit le dopage, on peut se demander la place qu'il convient de faire à la thèse d'Alain Erhenberg[8] selon laquelle le sport constitue une métaphore de l'égalité et de la méritocratie républicaines. Les participants à l'épreuve sportive seraient unis autour d'un modèle de juste concurrence où le mythe et la passion égalitaires forgent la certitude que « le classement est incontestable alors qu'on sait que c'est loin d'être le cas dans la vie ordinaire ».

Ce modèle de justice est, dans cet ouvrage, transposé à la société entière : « Une société plus compétitive serait forcément une société plus juste. » Même angélisme chez Christian Bromberger[9] qui décrit un monde sportif empreint de contradictions. Simultanément, il est un monde de justice formelle et repose sur l'aléa et l'injustice. Ce serait cette tension entre un idéal

---

8. *Le Culte de la performance*, Calmann-Lévy, 1991.

9. *Le Football, la bagatelle la plus sérieuse du monde*, Bayard, 1998.

égalitaire et un réalisme dramatique qui conférerait au sport son intérêt.

Entre ces deux thèses, il y a lieu de faire une place à la théorie de Pascal Duret et Patrick Trabal[10]. Ce qui constitue une nouvelle donne en la matière, c'est la marchandisation du spectacle sportif. Le sportif n'a plus rien du prolétaire sans défense, il suffit pour s'en convaincre de se référer aux « salaires » – eu égard à l'importance des sommes en jeu, le mot est quelque peu indécent – des joueurs de football ou des cyclistes – y compris lors de l'affaire Festina en 1998-1999, quand certains émargeaient à 700 000 francs par mois sans compter les primes, les apparitions diverses et variées.

Dans leur livre, les auteurs démontrent que les conditions de pratique de haut niveau, quels que soient les sports, suivent l'évolution du moment : l'importance du sponsoring et de la médiatisation agit sur le statut et l'éthique du sportif.

On comprend mieux dès lors la raison pour laquelle on parle d'affaire Festina et non de

---

10. *Le Sport et ses affaires : une sociologie de la justice de l'épreuve sportive*, Métailié, 2001.

scandale Festina. Si on reprend la terminologie de nos deux auteurs, il apparaît que le scandale suscite une indignation unanime, qui aide à réactiver des « valeurs partagées par la communauté indignée ». En théorie, il ne prête pas à discussion puisqu'il est lié à une faute indéniable et en stricte opposition avec les principes de la communauté concernée. Le cas de Ben Johnson est symptomatique à cet égard.

L'affaire, elle, touche à une controverse plus globale, qui dépasse le seul cadre sportif. Elle convoque au débat « une pluralité d'opinions, une argumentation multiple, l'absence de consensus normatif *a priori* et suppose une incertitude quant à son issue ». Ce dernier point est crucial parce qu'il donne à l'affaire un aspect de feuilleton suscitant l'engouement du public ; ceux qui, en reconnaissant leur part de responsabilité, malmènent les mythes du sport et de ses idoles sont considérés comme une menace.

On imagine les lettres de menaces et d'injures que j'ai reçues, certaines me demandant, je cite, de m'« attaquer aux petits Maghrébins qui piquent les autoradios plutôt que d'emmerder les champions ». Pendant les affaires, les affaires continuent. Images et journaux se vendent comme des petits pains… Ah, les braves petits vélos !

Dans des articles concernant cette affaire, il a été dit que j'avais eu mon « heure de gloire » au moment de l'affaire Festina. Un autre article, certainement plus réaliste, notait que cette affaire n'avait pas été un tremplin pour ma carrière. Et encore, c'est un doux euphémisme…

Je me souviens que, dès les premiers jours, une déclaration émanant du parquet de Lille faisait état que l'on ne toucherait ni au Tour ni aux coureurs. J'ai pris la décision contraire, estimant que, si l'affaire se déclenchait après le Tour de France, la justice risquait d'être ridiculisée. Quelle serait la réaction si, après l'arrivée sur les Champs-Élysées, on apprenait que tel ou tel coureur s'était dopé ? Je mettais en avant la justice ; à l'époque, en dépit de tout, j'avais l'illusion d'y croire.

J'aurais peut-être dû prendre exemple sur ce qui s'était passé à Reims avec l'affaire TVM. En mars 1998, à hauteur du péage d'autoroute à Courçay (Marne), les services des douanes interceptaient un véhicule aux couleurs du groupe d'assurances hollandais, transportant une glacière remplie de 104 flacons d'EPO. Le parquet avait ouvert une simple enquête douanière. Il avait fallu attendre juillet 1998, après le déclenchement de l'affaire Festina, pour qu'une perquisition soit effectuée dans l'hôtel abritant les TVM à Pamiers, permettant la découverte et la saisie de produits dopants et masquants.

Aujourd'hui, après avoir vécu ce que j'ai vécu, et parce que je n'ose imaginer que la justice ait pu être sensible à l'opinion, aux lobbies, aux pressions diverses et variées, à la crainte d'un grand chamboulement ou chambardement, je me demande si ce n'est pas l'amour-propre qui me fit agir, plutôt que le sentiment de justice.

Si seule la justice avait été en cause, je pense que j'aurais mieux réagi lorsque, peu de temps avant l'inculpation de Richard Virenque, j'ai été convoqué par le président de la juridiction qui me dit en substance que j'étais indépendant, que je faisais ce que je voulais, mais que, dans quelques années, on parlerait encore de Richard Virenque… Sous-entendu… devinez ? D'autres pressions ont été exercées, conseils de prétendus amis, coups de téléphone, cela tournait certes à la paranoïa. Par crainte de mouchards, j'utilisais mon téléphone portable personnel pour contacter les enquêteurs, ce qui occasionnait des frais. Je donnais à mon épouse le sentiment d'être hautain, or je voulais tout sauf être hautain. Dans les couloirs du palais de justice, je croisais des regards qui en disaient déjà long. Comment ai-je pu être aussi imprudent ? Les porteurs des robes noires répétaient déjà « Chronique d'une mort annoncée ».

Un soir de grande fatigue, je me résolus exceptionnellement à descendre du dixième étage par l'ascenseur, étant un claustrophobe authentique. Des collègues, des parquetiers, des greffiers, d'autres personnels s'y trouvaient déjà et je ne reçus que peu de réponses au bonsoir lancé. C'est à l'extérieur du palais, quelques instants plus tard, qu'un policier en fonction me salua et me signala la présence de quelque chose de bizarre sur la partie dorsale de mon veston. En y regardant de plus près, je compris que l'on m'avait craché dessus. Dans l'ascenseur.

Sans ces actes hostiles, peut-être n'aurais-je pas fait une relation de cause à effet avec ma non-nomination en tant que substitut à la Réunion, dont j'ai été informé moins d'une semaine avant le déménagement et alors que le bail était résilié, la plupart des meubles vendus. Cet événement a été le déclencheur de ma « crise de vocation », a occasionné une première fêlure, m'a poussé à choisir la facilité de me réfugier dans l'alcool afin de ne pas ressentir la destruction de mon image, ce qui n'est pas la chose la plus intelligente que j'aie faite, je peux le dire.

Si mon amour-propre n'avait pas été en jeu, peut-être n'aurais-je pas ressenti mon indépendance comme une maladie honteuse, ce qui ne pouvait que me démotiver encore plus, continuer à m'enfoncer dans la boisson, à me réfugier dans les livres, et ce, au détriment de ma famille.

Si ma dignité n'avait pas été en jeu, sûrement aurais-je mieux réagi lorsque, arrivant à Montpellier, toujours suivi non pas d'une casserole, mais d'une véritable batterie de cuisine que constituait pour moi ma « fichue » indépendance, je me vis confier le contentieux pénal de l'après-divorce, alors que j'étais en pleine « dépression » après divorce – cet état résultant de moi et de moi seul –, ce qui immanquablement me renvoyait à ce que je vivais en dehors du travail.

Et, par la suite, j'aurais pu me refuser à voir une relation de cause à effet entre le fait que j'avais instruit l'affaire Festina et celui que mon travail se bornait à remplir des cases pour établir des tarifs pour les délits routiers et que l'on ne me permettait pas d'assurer la permanence pénale de semaine.

Je me demandais si j'avais fait huit ans d'études après le baccalauréat pour ça.

Toujours est-il qu'à l'heure actuelle, une question me turlupine : si c'était à refaire, le referais-je ? La question mérite réflexion. Par moments, je me dis que les coureurs, et de façon plus générale les sportifs, sont libres de se droguer, de foutre leur vie en l'air, de choper un cancer, de crever d'une crise cardiaque à 24 ans, de voir leur existence mise à mal, de finir suicidés dans une chambre d'hôtel ; peu me chaut. En d'autres termes, je m'en moque. C'est de leur responsabilité individuelle, mais ce qui m'ennuie prodigieusement, c'est qu'ils soient capables de faire écrire un livre, de se répandre, de s'exhiber, de passer à la télévision. Pis, de « montrer la voie à des gamins qui veulent gagner des courses »…

Est-ce à dire, dès lors, que l'indépendance et l'impartialité de la justice sont affaiblies par l'effet collatéral de pressions, voire de tensions, dans une société moderne devenue plus exigeante, voire intransigeante, vis-à-vis des magistrats ?

Ces pressions qui étaient par le passé largement politiques sont désormais, de façon grandissante, également sociales. Ce n'est plus le pouvoir politique qui s'immisce subrepticement dans les affaires de la justice, mais également les citoyens, les médias, les corps intermédiaires, l'opinion publique, par des voies détournées, certes, mais qui convergent toutes vers ce même objectif inavoué de restreindre la liberté dont pourraient jouir les magistrats.

Quelques exemples peuvent être cités. Sur le plan civil, les affaires des annulations du mariage homosexuel à Bègles, de l'union à Lille pour cause de non-virginité ; sur le plan pénal, l'affaire du détenu qui avait été libéré à la suite d'une erreur de plume ; sur le plan de l'application des peines, la libération anticipée d'un multirécidiviste. Y compris sur le plan commercial. Lorsque, dans une région sinistrée, il existe un tribunal de grande instance faisant fonction de tribunal de commerce, bon nombre d'entreprises bénéficient de redressements judiciaires, alors que, dans d'autres régions, la même situation aboutira à une liquidation judiciaire.

De plus, il faut bien faire carrière. Un rapide avancement est le problème que se posent tous les magistrats. Ce n'est pas nouveau. Historiquement, bon nombre de magistrats les plus impliqués dans la répression politique vichyste ont agi plus par opportunisme intéressé que par conviction politique. Ainsi le président d'un tribunal spécial ayant condamné à mort un porteur d'explosifs se montrait amer, déçu par une promotion qu'il n'estimait pas être à la juste hauteur du zèle dont il avait su faire preuve.

Comment fait-on son chemin par ici ? Par l'éclat du génie ou par l'adresse de la corruption ? Oh, bien sûr, quand je parle de corruption, je ne l'entends ni au sens pénal ni au sens financier, mais dans une perception beaucoup plus sournoise, hypocrite, finaude : accepter d'être conciliant, ne pas faire de vagues, ne pas choquer les sensibilités. La plupart des magistrats ont compris qu'il faut entrer dans la masse d'hommes comme un boulet de canon, ou s'y glisser comme une vipère ou une peste.

L'honnêteté ne sert de rien. On plie sous le pouvoir du génie, on le hait, on tâche de le calomnier parce qu'il prend sans partager. Mais alors qu'on devrait plier s'il persiste, alors qu'on devrait l'adorer à genoux quand on n'a pas pu l'enterrer dans la boue, désormais, on prend le chemin le plus facile, le plus rapide. La corruption, telle que je l'ai définie, est en force, le talent chez les magistrats est rare. Je ne dis pas que le magistrat se vend, mais il pense, et il est forcé de penser, à sa carrière. Ne pas faire de vagues, se montrer obéissant est l'arme la plus répandue.

Néanmoins, le blâme n'est pas à jeter sur qui que ce soit. Il en a toujours été ainsi. Les moralistes n'y changeront rien. L'homme est par essence imparfait. Il n'y a pas de vérité absolue, uniquement des circonstances…

Un exemple parmi tant d'autres. Rappelez-vous que, saisi du fameux rapport Xavière Tibéri sur la francophonie, le procureur de la république d'Évry ordonnait une nouvelle enquête préliminaire et partait en vacances dans l'Himalaya avec quelques amis. Son procureur adjoint, avec qui il entretenait de mauvaises relations, profitait de son absence pour ouvrir en novembre 1996 une information judiciaire et la confier à un juge d'instruction.

Dans un climat de panique, le ministre de la Justice de l'époque, Jacques Toubon, et Marc Moinard, qui travaillait à la Chancellerie, dépêchaient un hélicoptère dans l'Himalaya afin de retrouver ledit procureur pour éviter l'ouverture de l'information.

En 2005, Marc Moinard était nommé secrétaire général du ministère de la Justice ; l'ancien procureur d'Évry était promu avocat général à la Cour de cassation le 5 avril 2001. Ah, les bons serviteurs…

Mais, pis encore, on note chez le législateur une forte propension à couper court à toute velléité d'indépendance du magistrat. Ainsi, afin de ne plus permettre l'octroi de permis blanc, la loi sur la violence routière est votée. De même, afin d'ôter au magistrat toute possibilité d'appréciation, on promulgue la loi sur la récidive, qui crée ce que, par abus de langage, on a appelé les « peines planchers ».

Fermons la parenthèse et revenons à l'affaire Festina. Soyons réalistes. Il n'y a que les bonnes âmes, les utopistes qui pensent que le dopage décrédibilise le sport aux yeux de l'opinion publique. En dépit des révélations de plus en plus nombreuses, il y a et il y aura toujours autant de monde dans les stades et sur la route du Tour de France. Hormis l'Allemagne, je n'ai pas connaissance qu'un seul pays, et surtout pas la France, ait pris la responsabilité d'annoncer que l'épreuve de la petite reine ne serait plus diffusée. Bon nombre d'aficionados reprochent encore à Jean-Marie Leblanc d'avoir écarté l'équipe Festina à Brive-la-Gaillarde.

Les Français ont toujours eu besoin d'une idole, ce fut en cyclisme Poulidor plutôt qu'Anquetil, Fignon plutôt qu'Hinault, et puis il y a eu Richard Virenque. En ce qui le concerne, même encore à l'heure actuelle, on peut parler de « virenquomania », des blogs lui sont consacrés, il est même entré dans l'univers de la BD, dans les rayons de librairie, entre Astérix et Gaston Lagaffe. On est passé de la caricature au morphing. Caricature, c'est vite dit, je ne pense pas qu'un seul des propos qui lui ont été prêtés corresponde à la réalité. Qu'il s'agisse d'« à l'insu de mon plein gré », du sketch du moustique, etc.

À mes travers soulignés par mes supérieurs : atypique, trop rigoriste, perfectionniste, indépendant, tout juste bon à écorcher les chats, ajoutons le masochisme ; je vais encore remuer le couteau dans la plaie.

Selon un sondage paru dans *VSD* le 6 août 1998, 60 % des Français se sont déclarés plutôt choqués par la façon dont l'enquête a été menée contre 33 % ; 44 % se sont déclarés plutôt choqués par l'attitude de la direction du Tour contre 42 % ; 39 % plutôt choqués par la révélation de certains coureurs sur le dopage contre 57 % ; 29 % plutôt choqués par le refus de certaines équipes de ne pas continuer le Tour contre 65 %.

Et ce n'est pas fini. 63 % des personnes interrogées se déclaraient plutôt optimistes quand elles pensaient au prochain Tour, contre 31 %.

Certains vont même jusqu'à parler d'un traitement surmédiatisé qui ferait du Tour de France un bouc émissaire du sport professionnel. C'est ainsi que Xavier Louy, ancien directeur du Tour de France, dans un entretien paru dans *Métro* en date du 10 juillet 2007, cite Bernard Tapie pour qui « les cyclistes sont des enfants de chœur comparés aux footballeurs » et rappelle que, durant un stage de l'équipe de France à Tignes, alors qu'un contrôle inopiné avait été diligenté par le ministère des Sports, « le médecin s'est fait jeter et a dû patienter des heures avant de pouvoir procéder à des prélèvements ».

Même opinion de la part de Jean Pitallier, président de la Fédération française de cyclisme, lors d'une interview accordée au journal *L'Humanité*, le 20 mars 2001, dans laquelle il déclarait souhaiter qu'on aille voir un peu ailleurs, dans les sports les plus riches. Il indiquait aussi qu'il était facile de taper sur une petite fédération.

De même, l'ancien vainqueur du Tour Stephen Roche déclare en 2008 à *Cyclistmag* : « Oui, le vélo a un problème avec le dopage, mais il a montré qu'il faisait des efforts pour l'éradiquer, contrairement aux autres sports. Vous croyez qu'il n'y a pas de dopage dans le football, le rugby, le tennis ? Je pense que, dans les autres sports, on trouverait les mêmes chiffres. Vous croyez que les autres sportifs ne prennent rien ? Ils ont les mêmes médecins. »

Parfois, ce sont les journalistes qui, dans leurs prétendus mémoires, critiquent la façon dont l'enquête a été menée, parlant de police ou de justice spectacles. Mais de qui se moque-t-on ? Une bonne partie des médias se repaît de la justice, il n'y a qu'à regarder les informations pour s'apercevoir que les affaires judiciaires ont la part belle.

L'une des conséquences de la sortie du Tour du giron de l'UCI est que désormais les contrôles antidopage ne sont plus effectués par cette dernière, mais par l'Agence française de lutte contre le dopage, instance issue des lois Buffet et Lamour, qui ne bénéficie pas des données du passeport biologique, mis en place en début de saison ; l'UCI refusant de les lui communiquer.

Le Tour de France 2008 a été entaché de nombreux cas de dopage : l'Espagnol Manuel Beltran contrôlé positif à l'EPO à l'issue de la première étape, l'Espagnol Moises Duenas contrôlé positif à l'EPO à l'issue de la quatrième étape, l'Italien Riccardo Ricco contrôlé positif à l'EPO à l'issue de la quatrième étape et néanmoins vainqueur des sixième et neuvième étapes. Le contrôle positif de ce dernier a mis en évidence une EPO troisième génération, le CERA. Cette substance a ensuite été détectée lors de tests effectués en octobre 2008 sur trois autres coureurs : Leonardo Piepoli, Stefan Schumacher, qui avait porté le maillot jaune durant deux jours, Bernhard Kohl, qui avait terminé troisième et meilleur grimpeur. Quant au Kazakh Dimitri Fofonov, il a été contrôlé positif à l'heptaminol, stimulant du système cardiovasculaire, à l'issue de la dix-huitième étape.

En 2007, le Danois Rasmussen, alors maillot jaune, a été obligé de quitter la Grande Boucle sous la pression de son équipe à laquelle il avait déclaré s'être entraîné en Italie alors qu'il se trouvait au Mexique, le journal *L'Équipe* révélant par ailleurs que les prélèvements effectués sur sa personne auraient mis en évidence de la Dynepo, EPO produite à partir de cellules humaines.

En 2006, le maillot jaune Floyd Landis a vu sa victoire remise en cause après que l'on eut décelé un taux de testostérone anormalement élevé suite à sa victoire d'étape à Morzine.

Et pendant ce temps-là, personne ne sourcille lorsque des jeunes sont placés en garde à vue pour détention de haschich, même pour des quantités minimes, procédure pouvant donner lieu, au mieux, à un rappel à la loi, à une injonction thérapeutique, au pire, à un déferrement susceptible de conduire l'intéressé dans les geôles de la République. Comme disait ce bon La Fontaine, « selon que vous serez puissant ou misérable, les jugements de cour vous rendront blanc ou noir ».

Je serais relativement rapide sur l'affaire en elle-même, tant il est vrai que l'ensemble des protagonistes ont écrit à ce sujet. Ce qui m'importe le plus, c'est de dire comment les choses se sont réellement passées.

Après quarante-huit heures de garde à vue, l'intéressé me fut présenté. Il s'agissait de Willy Voet. Je fus surpris de voir un homme qui ressemblait plus à un grand-père tranquille qu'aux trafiquants dont j'avais l'habitude. Ce monsieur était affable, courtois, et assumait sa responsabilité, preuve d'honnêteté intellectuelle. En présence de son conseil, il me confirma ce qu'il avait déclaré au service enquêteur, à savoir que les produits qui avaient été trouvés en sa possession étaient destinés à l'équipe Festina. Il mettait en cause le directeur sportif, Bruno Roussel, et le médecin de l'équipe, le Dr Rijckaert. Il fut placé en détention provisoire.

Se posait alors une question : devais-je suivre l'esprit de la déclaration du ministère public, garant de l'ordre public au sens large, qui peut, dans certains cas, prendre la forme du « pas de vagues, pas de vagues », ou devais-je foncer ? Je choisis la seconde solution et délivrai une commission rogatoire, c'est-à-dire une demande d'enquête confiée au SRPJ de Lille.

Dès lors, les choses se précipitèrent. Bruno Roussel et le médecin furent interpellés à Lille.

Autant Eric Rijckaert se murait dans un système de dénégations, autant Bruno Roussel semblait près de briser l'« omerta ». Les enquêteurs me tenaient informé de l'évolution, et notamment que le directeur sportif était sur le point de passer aux aveux. Il ne sollicitait que de parler avec son épouse. Il faut savoir que, encore à l'heure actuelle, il n'est pas possible à une personne placée en garde à vue de s'entretenir, même sous le contrôle des policiers et des gendarmes, avec un membre de sa famille. Je fis néanmoins droit à sa requête. Bruno Roussel reconnut les faits et apporta les mêmes explications que le masseur. Quant au Dr Rijckaert, il continuait de nier les faits.

Les deux hommes me furent déférés. Je me souviens tout particulièrement du défenseur de Bruno Roussel, Me de Montbrial, de sa prestance et de ses compétences. Bruno Roussel ne fit aucune difficulté à maintenir ses dires. Quant au médecin, il maintint sa version.

Les deux mis en examen furent placés en détention provisoire. Si ma mémoire ne me fait pas défaut, il me semble que c'était le 15 juillet. Bien entendu, le parquet tint un point presse. Le 17 juillet 1998, à la veille du contre-la-montre corrézien, la direction du Tour de France prit la décision d'exclure l'équipe Festina.

Tiens, au fait, la Corrèze, hormis Henri Queuille et Guillaume d'Aigrefeuille l'Ancien, ce département ne vous rappelle-t-il pas quelqu'un, notamment en 1998 ? Mais si, à l'Élysée…

Levée de boucliers, les lettres de supporters commencèrent à affluer, et plus l'opinion publique se manifeste, plus l'indépendance du magistrat se fragilise, plus les pressions augmentent. Outre celle dont j'ai fait état antérieurement, il me fut demandé solennellement de clore le dossier avant le prochain Tour, ce qui était plus facile à dire qu'à faire, surtout qu'il ne s'agissait que d'un dossier parmi d'autres.

J'avais à l'époque sous ma responsabilité plus de cent dossiers, dont beaucoup avec des détenus. Je me rappelle qu'après les vacances d'été 1998 j'eus droit à la visite du président du tribunal, du président de la cour d'appel, du président de la chambre d'accusation pour que soit fait un point sur l'« état de mon cabinet ».

Pendant ce temps, les enquêteurs convoquaient les coureurs de l'équipe Festina à Lyon, dans la mesure où l'entreprise les sponsorisant avait officiellement son siège à Meyzieu. Il m'a été rapporté une anecdote selon laquelle, au moment d'acheter des sandwiches, les intéressés n'avaient pas de monnaie sur eux, mais uniquement des billets de 500 francs. Sur l'ensemble des coureurs, cinq reconnurent avoir eu recours au dopage, il s'agissait de Brochard, Moreau, Zülle, Dufaux, Meier. Quant à Christophe Bassons, il contestait s'être lui-même dopé, mais décrivait le système, précisant qu'il était de ce fait l'exclu de l'équipe. Ni Richard Virenque ni Pascal Hervé ne reconnaissaient les faits. Des prélèvements furent effectués sur leurs personnes.

Un petit mot sur Laurent Dufaux. J'ai appris ultérieurement que les aveux qu'il avait passés furent pour lui, je cite, « un soulagement et une libération ».

Puis ce fut au tour d'un couple de pharmaciens d'être inquiété. En effet, ces derniers, qui demeuraient dans le même village que Willy Voet, reconnaissaient, tout en se sachant en infraction avec la loi, avoir fourni à ce dernier des produits dopants, dont de l'EPO, précisant que ce n'était pas pour de l'argent, mais par « copinage ». Ce terme me faisait penser à celui de « dépannage », fréquemment utilisé dans le milieu des toxicomanes. Un mandat d'amener fut décerné à leur encontre. Présentés devant moi, ils maintenaient leurs aveux.

Afin que le système soit bien cerné, sur mes instructions, d'anciens coureurs de l'équipe Festina étaient entendus. Ils ne pouvaient qu'admettre le système de ce dopage généralisé.

Henri Verbruggen était entendu en mai 1999, surtout sur sa politique, en tant que président de l'UCI, à l'égard du dopage. Contrairement à ce qui a pu être dénoncé par les instances, il ne s'agissait pas de justice spectacle, mais de prendre en considération ce qui avait pu être dit sur son éventuelle légèreté, d'autant plus qu'on avait l'impression que s'aggravait le fossé entre le « suivi médical longitudinal » voulu par la

Fédération française du cyclisme et le choix du président néerlandais de laisser aux médecins des cyclistes le soin de prendre en charge la santé de leurs coureurs.

Mais pour quelle raison avoir inculpé Virenque ? Du fait de son système de défense. Sur les conseils à l'époque de Me Collard, sa stratégie consistait à nier avoir pris le moindre produit, contrairement à ce que disaient l'ensemble des coureurs, le masseur, le directeur de l'équipe, qui avaient reconnu la mise en place d'un système de dopage normatif, contrôlé par le médecin et financé par un système de caisse noire alimentée par les primes. Tous déclarèrent au cours de l'instruction que c'était lui, Richard Virenque, en tant que leader, qui poussait à développer ce système, car, comme dans toute équipe, chaque dossard travaillait pour le « champion » potentiel. Et Virenque entendait pouvoir disposer de « soldats » à 200 % de leurs moyens. Les propos n'ont pas été maintenus lors de l'audience.

C'est au vu de ces éléments que je pris la décision de l'inculper.

Là encore, l'action de la justice incita le pouvoir politique à agir plus fermement. Dès son arrivée rue Olivier-de-Serres, à l'été 1997, Marie-George Buffet avait déclaré : « Le dopage n'est pas normal, le dopage n'est pas fatal. » Mais ce c'est que le 10 novembre 1998 qu'elle émettait le souhait, à Bruxelles, que les ministres de l'Union européenne qui devaient participer à une réunion internationale à Lausanne contre le dopage y arrivent avec « quatre ou cinq propositions communes ».

Dans cette perspective, la ministre communiste proposait que, avant cette réunion organisée par le Comité international olympique du 1er au 3 février 1999, les ministres des Sports de l'UE se rencontrent pour mettre au point leurs propositions. Elle précisait que les propositions de Lausanne devaient être axées sur une « meilleure cohérence des procédures en place » dans les différents États membres dans la lutte contre le dopage. Très justement, elle soulignait que les causes du dopage ont pour origine un « rapport non maîtrisé entre sport et argent ». Dès lors, la ministre des Sports annonçait que le budget consacré à lutter contre le fléau atteindrait 25 millions de francs, après être passé de 9 à 16 millions entre 1997 et 1998.

L'affaire Festina touchait à sa fin. En effet, j'avais signé le réquisitoire définitif de renvoi le 14 juin 1999 devant le tribunal correctionnel.

Si certains des protagonistes bénéficiaient d'un non-lieu, je pense notamment à Daniel Baal, président de la Fédération française de cyclisme, Roger Legeay, directeur sportif de Gan, et au coureur italien Rodolfo Massi, la plupart était renvoyés devant une juridiction.

En ce qui concerne Daniel Baal, il a regretté que ma motivation ne soit basée que sur la notion de « complicité insuffisamment caractérisée ». Je persiste et signe.

En dépit des réquisitions du ministère public, compte tenu des éléments figurant au dossier, j'avais décidé de maintenir Richard Virenque dans les liens de la prévention, en le renvoyant devant le tribunal correctionnel. Que ce dernier sache qu'il m'arrive encore de réécouter l'interview rapide qu'il a donnée par téléphone à Marie Peyraube, d'Europe 1. Ne me privant pas ici d'en répéter la teneur, je cite : « Tout ce que je peux dire, c'est que la roue, elle tourne... », « Un juge, il a un pouvoir énorme, un juge, s'il est malhonnête, il peut se gaver... »

Après les brèves de comptoir, les brèves de cycliste. Mais je préfère de loin les premières.

Sauf peut-être celle-ci, entendue dans mon cabinet lors d'une confrontation. Alors que Willy Voet déclarait que Richard Virenque était le dealer de l'équipe, ce dernier répondit, navré, qu'il en était le leader, pas le dealer.

J'ai lu quelque part que Richard Virenque était maintenant un chef d'entreprise prospère, qui vend vélos d'appartement, bijoux et « produits énergisants ».

Les vélos, les seringues passèrent, mais le climat de défiance persistait à mon encontre.

Estimant être suffisamment resté à Lille, en accord avec mon épouse, j'avais sollicité ma mutation. Parmi les postes choisis figurait celui de substitut du procureur de la République à Saint-Denis de la Réunion. Il ne s'agissait que d'une fonction parmi d'autres. Je ne faisais pas de fixation dessus.

C'est par l'une de mes collègues que j'appris que j'avais été retenu pour ce poste. Je ne peux décrire la joie qui me transporta ce jour-là. Pour une fois, me disais-je, on reconnaît la valeur de mon travail. En outre, j'avais le sentiment que mon épouse était fière de moi. Car être nommé dans les DOM-TOM est valorisant, pas simplement sur le plan financier, mais aussi sur le plan de la carrière. En d'autres termes, « je m'voyais déjà en haut de l'affiche... »

Or le fait d'être retenu nécessite, pour être effectivement nommé, l'avis du Conseil supérieur de la magistrature. Celui-ci intervint tardivement, la date de sa décision devenant en tout cas incompatible avec l'accomplissement des diverses formalités : déménagement, résiliation du bail, vaccinations, stages de changement de fonctions...

Aussi mon épouse et moi-même avions-nous pris les devants pour mettre la machine en route. Je consultais quotidiennement le serveur de la chancellerie afin de savoir ce qu'il en était quand, le 6 juillet 2000, survint un coup de tonnerre : le CSM rendait un avis défavorable pour le motif suivant : non opportun.

Terrassé par ce coup du sort, je fus comme fou, j'avais l'impression d'avoir accompli mon devoir et d'avoir été trahi. Mais il fallait que je téléphone à mon épouse... Sa réaction fut une immense déception. Je n'osai pas rentrer chez nous. Pourtant, mes parents étaient présents. Néanmoins, je me forçai à rentrer. Mon épouse était dans les escaliers, pâle, pleurant…

Pour être tout à fait sincère, je dois reconnaître que notre couple battait de l'aile ; ce départ vers l'île lointaine n'était pas qu'un dépaysement géographique. Il signifiait pour nous deux un nouveau départ. Mon épouse avait pris le parti de me suivre et de nous donner une seconde chance. Je n'ignorais pas que ce départ loin de France signifiait un éloignement probablement définitif avec une « amie » qui avait pris beaucoup de place dans son cœur. J'aimais ma femme, je voulais son bonheur, même en dehors de moi. Et j'avais admis cette concurrence pour ne pas contrarier son équilibre.

J'aurais voulu, par respect, passer sous silence un événement survenu plus tard, à Carcassonne.

Un journaliste sans états d'âme, immédiatement plagié par quelques-uns de ses confrères aussi peu scrupuleux, a cru bon d'étaler sur la place publique un événement dramatique touchant personnellement mon épouse.

Un dernier mot à propos de ce pénible sujet. Lors de ma comparution devant le CSM le 13 juillet 2009, la représentante du ministère de la Justice a souligné que mes supérieurs, et notamment ceux de l'époque, m'avaient tendu la main en ces circonstances. Dans les quarante-huit heures qui ont suivi ce drame, mon procureur s'est présenté à mon domicile, sans en avertir au préalable, et m'a fermement enjoint... de quitter le domicile conjugal !

Mieux, et sans désemparer, il a établi, pendant le week-end – quel zèle ! –, un rapport « circonstancié », doux euphémisme, pour mon procureur général. Apprécions ce que sont, selon ces messieurs, le service social et la main tendue !

À titre de comparaison, j'ai connu un procureur qui, par souci d'humanité, s'efforçait de ne pas enfoncer ceux de ses substituts qui connaissaient de graves difficultés personnelles, que ce soit dans le cadre des procédures traitées de manière inopportune ou en raison de leur appétence alcoolique.

J'ai donc quitté le domicile conjugal, contraint et forcé, le vendredi soir. Le lendemain soir, un gendarme désireux de joindre le parquet en urgence, et n'y réussissant pas, m'appela sur le portable pour me demander quoi faire, le procureur étant indisponible en raison de la fragilité de sa femme ! Erreur de personne, erreur de numéro, ou autre raison ?

Pour tout dire, le rejet de ma nomination pour la Réunion m'a été notifiée une semaine avant le déménagement, et ce, alors que la plupart des meubles étaient vendus, le bail de notre appartement résilié.

Je prenais conscience que vivre sans illusions, c'est peut-être le secret du bonheur.

Ah ! si j'avais pu disparaître au plus profond des entrailles de la terre, me briser le crâne. Par moments, je me révoltais, je ne croyais pas à ce coup du sort, je me demandais ce que j'avais pu faire pour qu'un tel désespoir se lève dans mon cœur. J'essayais de reconstruire le fil de ce qui avait pu se passer. Beaucoup plus tard, un magistrat visiblement très bien informé me glissa que le refus *in extremis* de mon départ à la Réunion était le résultat d'un veto venu « de très haut ». C'est où, très haut ?

En sollicitant des avis, j'apprenais que mes compétences n'étaient pas en jeu. Mais que, présentement, ma « nomination dans une île n'[était] pas opportune ».

Alors que je creusais ce qu'il fallait entendre par « non opportune », il fut porté à ma connaissance qu'il s'agissait très certainement de ma prise de position dans l'affaire Festina. La presse m'avait décrit comme étant indépendant, comme ayant osé m'opposer au parquet, comme celui par qui le scandale arrive.

Or la Réunion est une île, avec un réseau de presse très important, indépendant, et le risque était que j'arrive là-bas comme une vedette. Très mauvais pour la future hiérarchie. (Un très célèbre avocat controversé portant lunettes, fumant cigare et ayant de la famille à la Réunion m'aura compris.)

Peut-être certains estimeront-ils qu'il s'agit d'élucubrations…

Pas si sûr. En effet, un journal nordiste titrait « Le juge de l'affaire Festina privé de Réunion ? » Au-delà de l'humour du titre, la question ne manquait pas d'intéresser d'autres journalistes. C'est ainsi que l'un de mes amis d'une agence de presse fondée en 1851 à Londres s'adressa à ce sujet au procureur de la République lillois, avant de diffuser l'article à l'échelon national. Dénégations véhémentes, pour ne pas dire cris d'orfraie de ce dernier.

Mais vient s'ajouter à cela un autre élément : me sentant spolié, bafoué, insulté, gisant, contus, je demandai *in extremis* mon affectation pour Carcassonne, afin de rejoindre des proches.

J'ai en conséquence écrit à la chancellerie, exposant ma situation personnelle extrêmement difficile. J'ai finalement obtenu gain de cause, mais curieusement j'en ai été avisé par l'ami en question, qui avait été informé par le procureur, lequel avait ajouté : « Vous voyez bien qu'il n'y a pas de rapport, M. Keil a obtenu ce qu'il voulait. » J'ajoute, pour être complet, que c'est simplement ensuite que la chancellerie m'a fait part de sa décision.

Les pressions directes et indirectes que j'avais subies m'ont poussé à passer au parquet. Je me disais que, quitte à ne pas être indépendant, autant que ce soit clair, mais j'ignorais jusqu'à quel point.

Ce ne fut pas seulement l'année de la perte de mes illusions. En 2000, le G8 publie une liste de 42 États considérés comme des paradis fiscaux, leurs avoirs sont évalués à 500 milliards de dollars, 3 % de la richesse du monde. Le Nasdaq atteint le record inégalé de 5 132,52 points. En

France, la durée de travail passe à 35 heures dans les entreprises de plus de 20 salariés, le mandat présidentiel est réduit à cinq ans. À l'étranger, les troupes israéliennes évacuent le Sud Liban après vingt-deux ans d'occupation. Le général croate Tihomir Blaskic est condamné à quarante-cinq ans de prison pour crimes contre l'humanité par le Tribunal pénal international pour l'ex-Yougoslavie. Le président Poutine est élu au premier tour des élections avec 52,52 %.

Un dernier mot sur l'affaire Festina : c'est par la presse que j'ai été avisé de l'issue du procès. J'ajoute qu'un avocat avait souhaité me faire entendre en tant que témoin. Mon emploi du temps ne me l'a pas permis. À l'époque, quand bien même me l'eût-il permis, il n'est pas sûr que j'y sois allé. Je ne voulais plus en entendre parler. Aujourd'hui, avec le recul, je me dis que si j'y avais été, cela aurait pu être l'occasion d'évacuer un certain nombre de choses.

Un journaliste, il doit s'agir d'Éric Maitrot, m'avait interrogé sur la raison pour laquelle le dossier n'avait pas été poussé plus loin. Je lui avais répondu : « Le juge ne peut instruire que si le parquet lui donne son aval pour étendre la saisine. Sinon, c'est une cause de nullité… Dans ce cas précis, je pense que le ministère public avait souhaité que l'affaire reste limitée. » Je maintiens ces propos.

Suite au refus de ma mutation à la Réunion, je quittai donc Lille en septembre 2000 pour m'installer à Carcassonne.

Rapide et petite présentation du tribunal, qui fera apprécier les conditions dans lesquelles les magistrats sont amenés à travailler. Il a été construit entre 1849 et 1861. En raison d'un terrain humide et instable, le chantier se heurta à de nombreuses difficultés. L'architecte Viollet-le-Duc participa aux discussions sur sa construction. Sa façade comportant six colonnes monumentales monolithes, son fronton auquel a contribué le sculpteur carcassonnais Nelli, ainsi que le classement de la ville au Patrimoine mondial de l'Unesco se sont opposés à la réfection du bâtiment.

Heureusement, mon épouse et mes trois enfants vinrent me rejoindre, tandis que mon supérieur hiérarchique voulut et sut me soutenir. C'était un nouveau départ.

J'avais retrouvé le goût de la fonction, mais il faut dire que je découvrais l'activité de substitut. J'ai dû prendre sur ma timidité maladive pour m'exprimer en public.

En dépit de la pratique que je commençais à acquérir, la cour d'assises reste une expérience éprouvante. Lorsqu'on est amené à requérir devant une juridiction de quelque nature qu'elle soit (civile, correctionnelle, commerciale, etc.), tout magistrat se doit d'être guidé par un raisonnement logique devant conduire à une conclusion indiscutable.

Dans l'esprit du public, un dossier criminel, c'est souvent un homme qui a tiré sur un autre. Mais, très souvent, c'est bien plus compliqué que cela. Parfois, les infractions sont multiples, les accusés discutent chaque fait, chaque témoignage, les experts n'arrivent pas à la même conclusion.

En outre, au-delà des faits, des histoires de la vie quotidienne, vient se mêler l'affect : les passions, les jalousies, les ignorances, la misère humaine.

De plus, aux assises, il ne s'agit pas de convaincre uniquement des professionnels, mais aussi des jurés.

Si l'audience est souvent un théâtre, c'est encore plus le cas de la cour d'assises.

Je me souviens que, chaque fois que je me levais pour prendre la parole lors de mes réquisitions, la sueur me coulait le long de l'échine, ma bouche était sèche.

Quelques affaires m'ont profondément marqué.

Celle d'un homme accusé de viols sur plusieurs enfants. Il se faisait passer pour un médecin scolaire, prenait les petits dans sa voiture et leur imposait des agressions sexuelles. Verdict : trente ans de réclusion criminelle.

Celle d'un individu qui s'immisçait dans des familles dont les mères divorcées, célibataires, connaissaient des difficultés sociales, d'insertion. Il les séduisait pour agresser sexuellement leurs enfants. Verdict : dix-sept ans de réclusion criminelle.

Celle d'un jeune homme qui avait frappé sa concubine, laquelle en était morte. Verdict : neuf ans d'emprisonnement (nous étions à l'époque de l'affaire Bertrand Cantat/Marie Trintignant).

À côté de cela – il faut bien en parler puisqu'il m'est reproché, dans le cadre de la procédure administrative, des retards récurrents –, mon service comprenait le traitement du courrier général ordinaire non spécialisé une semaine sur deux, le service civil (état civil, nom, adoptions, filiation naturelle et légitime), le service commercial (procédures collectives, faillite, liquidation et redressement judiciaire), le traitement des infractions en matière d'entreprises et de sociétés (droit pénal des affaires), l'urbanisme, le droit de la consommation, le droit du travail, le droit fiscal, le droit douanier, les escroqueries, les abus de confiance, les chèques, la circulation routière, la participation aux audiences du tribunal de police, du tribunal correctionnel et des assises.

Et l'on s'étonne que je n'y sois pas parvenu. Je n'ai jamais voulu que ma vie familiale et l'éducation des enfants pâtissent de mon travail.

La vie aurait pu continuer à s'écouler paisiblement, mais le destin en a décidé autrement. Mon supérieur a été nommé à un nouveau poste.

Son successeur fut plus sensible aux injonctions du parquet général. Je sentis que je perdais sa confiance, qu'il ne se reposait pas sur moi. Ma paranoïa reprit le dessus, cela devint insupportable. J'étais démotivé.

Ne sachant comment compenser, je bus de plus en plus. J'étais pris, toujours pour oublier, dans une sorte de compulsivité de dépenses. Les dettes s'accumulaient. Et lorsque mon épouse souhaita divorcer, ce fut le début de la fin.

7

La chute

« Abyssus abyssum vocat. »
(L'abîme appelle l'abîme.)
Psaume XLII, 8

À Carcassonne, dans les derniers temps, j'avais perdu le goût de vivre tant sur le plan personnel que sur le plan professionnel. C'est en 2005 que je demandai ma mutation à Montpellier. Et je l'obtins.

Première désillusion en arrivant à Montpellier : contrairement aux autres affectations, je ne fus pas installé solennellement, mais sur papier, à la dérobée, comme un gratte-papier.

Autre impression, la forme géométrique, l'architecture du tribunal, lové aux pieds des jardins royaux du Peyrou, et sa structure en verre me donnaient l'impression de travailler dans un vaste aquarium.

Sur le plan professionnel, j'eus peu à peu le sentiment diffus qu'aux audiences le dialogue entre le juge du siège, le représentant du ministère public, le prévenu était un « dialogue de sourds », le lieu d'une incompréhension manifeste résultant de ce que chacun n'éprouvait pas le besoin d'écouter et de comprendre les arguments avancés par l'autre.

Le droit possède sa force, indiscutable, incontestable. Mais, bien souvent, il méconnaît les droits inaliénables de la personne. Fréquemment, pour le commun des mortels, les juges apparaissent comme de grands illusionnistes, de redoutables manipulateurs de syllogismes dans lesquels toute vérité se dissout et toute justice sombre.

Je sais bien que Balzac écrivait dans *Splendeurs et Misères des courtisanes* que « se défier de la magistrature est un commencement de dissolution sociale ». Mais le mouvement qu'il a lui-même décrit s'est aggravé. Étant payé comme un fonctionnaire, le magistrat a troqué sa dignité d'autrefois contre une morgue qui semble intolérable à tous les égaux qu'on lui a faits. Allez poursuivre, mettre en examen et juger sereinement celui qui gagne deux, trois, cinq fois plus que vous… N'ayant pas le pouvoir de taper sur les plus forts, ni peut-être l'envie, la tendance est de taper deux fois plus fort sur les plus faibles… Somme toute, pour parodier Montesquieu, la justice est une toile d'araignée à travers laquelle passent les grosses mouches et où restent empêtrées les petites.

À Montpellier, plus encore que dans les derniers temps à Carcassonne, j'avais le sentiment de ne plus être une autorité judiciaire, compte tenu de ce manque d'indépendance à l'égard du pouvoir exécutif qui m'empêchait de me sentir réellement un magistrat.

Je me demandais ce à quoi pouvait penser un magistrat lorsque son regard balaie la salle d'audience ou lorsqu'il interroge la personne qui est en face de lui.

Après dix-huit ans de carrière, j'ai quelques idées sur la question. Certains magistrats se retranchent derrière le décorum, le cérémonial et le verbiage pour impressionner le public, allant même jusqu'à se retirer dans une autre salle pour délibérer tout en siégeant… à juge unique ! D'autres ont parfois le regard hébété, ce qui est aussi une forme de défense. Parfois, certains donnent l'impression de s'ennuyer et de considérer l'audience comme un pensum. On dirait qu'ils pensent : « Vivement que ce soit fini ! » ou font le compte à rebours des dossiers.

Y a-t-il présomption de compassion ? Peu, ou alors chez quelques-uns de la vieille école, et la plupart du temps, ils n'ont pas fait que la magistrature. Il faut dire qu'à l'École nationale de la magistrature, la compassion n'est pas une matière enseignée ni même préconisée, même en option. En outre, il n'y avait à mon époque aucun cours de psychologie.

Je n'ai pas davantage rencontré de magistrats manifestant des sentiments de regret, d'humanité, de compréhension. Le magistrat doit savoir jouer de la schizophrénie et mettre son humanité au tréfonds de lui-même. Sinon, comme l'a fait remarquer un journaliste du *Monde* au sujet de mon affaire, « humain, trop humain… »

D'autant que, au sein de la magistrature, la convivialité, la solidarité ne sont pas de mise, ou si peu. J'ai gardé peu de contacts avec mes collègues de promotion. Cela ne veut pas dire que les magistrats ne s'invitent pas entre eux. J'ai connu cette période très peu de temps à Chaumont, mon premier poste, et très ponctuellement à Lille. À Montpellier, aucunement. Et ce que j'entendais dire par les privilégiés, c'est-à-dire ceux qui avaient l'insigne honneur d'être invités par les hiérarques, voire les apparatchiks, me faisait penser à de l'eugénisme.

Dès lors, en 2005, j'étais indifférent à tout. Même le charme de Montpellier ne me séduisait pas. Tout se mêlait en moi : le dégoût de vivre, la culpabilité, la rupture, la sensation de non-sens et d'abandon. Si encore j'avais eu le travail pour m'oxygéner. Mais, las, alors qu'ils n'ignoraient pas ce que je traversais et connaissaient mon incapacité, mon impuissance à y faire face, mes supérieurs hiérarchiques avaient commencé par m'attribuer le contentieux pénal de l'après-divorce, ce qu'il y a de plus douloureux à gérer.

J'étais mal vu par ma hiérarchie. Il est vrai que chez nous les supérieurs ne protègent que ceux qui rivalisent avec leurs meubles, ceux qu'ils voient tous les jours et qui savent leur devenir quelque chose de nécessaire, comme le divan sur lequel on s'assied.

J'avais le mal de vivre comme d'autres ont le mal de mer. Tous les matins, je me réveillais déçu d'être encore vivant. Et comme j'avais l'impression d'avoir perdu mon talent dans un verre, je me suis mis à le chercher dans les autres. Je me suis réfugié dans l'alcool ; c'était, me semblait-il, le seul ami qui me restait. Celui qui ne semble jamais vous trahir. En fait, comme le dit le talentueux et drôle Jacques Dutronc, « l'alcool, c'est soit un ami qui te veut du bien, mais qui te fait du mal, soit un ennemi qui te veut du mal, mais qui te fait du bien ». Mais si c'est un ennemi, alors le fuir aurait été lâche.

Je noyais mes chagrins, mes déceptions, mes rancœurs dans l'alcool, ne me rendant pas compte qu'ils surnageaient. Je voulais me suicider, et comme j'avais envie de souffrir longtemps, j'ai choisi ce moyen. Je me sentais exister, je liais plus aisément contact, cela me désinhibait, j'avais l'impression de retirer de l'ivresse plus de choses qu'elle ne me retirait. L'ambiance des bars, estaminets, troquets, cafés, zincs, gargotes, assommoirs, mastroquets, bousins me fascinait et me revigorait. Il m'arrivait de boire matin, midi et soir. Un rapide calcul m'a conduit à estimer que j'ai absorbé pendant deux ans quasiment un litre et demi de whisky par jour. Autant dire que si un virus s'était attaqué à moi, il serait mort sur-le-champ.

Je ne voulais pas qu'on me plaigne. Pourquoi me plaindre ! Il n'y avait pas de quoi me plaindre ! Il fallait me crucifier, me mettre en croix, mais non me plaindre. Ce n'était pas de joie que j'avais soif, mais de douleur et de larmes…

D'ailleurs, le monde est méchant, infâme ; aussitôt qu'un malheur vous arrive, il se trouve toujours un « ami » prêt à vous faire parler, à vous fouiller le cœur avec un poignard en vous en faisant admirer le manche. Ce n'était donc pas de la joie, du plaisir que me procuraient ces verres.

Mais il n'y avait pas que moi que j'avais envie de tuer. J'avais également envie de flinguer mon travail. Au tribunal, l'ambiance avec mes supérieurs ne s'améliorait pas.

Dans un premier temps, il me fut attribué le contentieux des mineurs. Cette section concerne les affaires liées aux mineurs auteurs et victimes et le contentieux post-divorce.

Ceux qui se déchirent les enfants sont prêts à toutes les bassesses, à toutes les petites saloperies, aux choses pas très propres qui vous laissent une traînée jaunâtre, quelque chose de pas très net au revers de votre veste ou au col de votre chemise, quelque chose d'infect dans la bouche.

Désormais, j'avais touché du doigt qu'à la base de toutes les vertus humaines il y a l'égoïsme le plus profond. Et que, plus une action est vertueuse, plus l'égoïsme y est présent.

Dorénavant, « Aime-toi toi-même », est l'unique règle qui nous guide. La vie n'est qu'une simple transaction commerciale. La voilà, la morale de notre société, puisqu'il en faut absolument une. Des idéaux, il ne m'en faut plus, il n'est même pas sûr qu'il en faille. J'en éprouve parfois honteusement de la nostalgie.

Mais après ce que j'ai vécu, je le dis tout net, on peut trouver du plaisir, de l'agrément à vivre en ce monde, même sans idéaux.

Quand on considère la façon dont les gens se comportent après un divorce, on comprend qu'il ne faut jamais avoir de remords. Je comprends que l'on puisse chérir les préjugés, respecter les convenances, rechercher la considération. Je vois que l'on vit dans un monde inepte, mais ce qui est désespérant, c'est que tout le monde y est au chaud, fait chorus avec lui, le défend contre vents et marées ; n'empêche, c'est ceux-là qui seraient les premiers à s'en désolidariser, pour peu que le vent tourne.

Pour réussir, et surtout dans la carrière, il faut être d'accord avec tout, pourvu qu'on s'en trouve bien ; ils sont légion dans ce cas, et tout le monde s'en porte bien. Le monde entier peut disparaître, ils seront toujours là. En fait, il n'y a qu'à prendre en considération la vitalité des gens de cette espèce. Ils sont en effet d'une vitalité exemplaire, phénoménale. À croire que la nature elle-même les protège.

Le monde est un vaste cloaque, il faudrait pouvoir rester sur les hauteurs. Mais cela, je ne le pouvais pas. S'agissant des non-présentations d'enfants, une consigne très stricte était donnée : interdiction de faire intervenir les forces de l'ordre pour que le droit de visite et d'hébergement puisse être exercé. Comment expliquer cela aux pères et aux mères victimes des agissements de leur ex-conjoint ?

En ce qui concerne les abandons de famille, l'engorgement de la juridiction empêchait toute comparution immédiate.

Autre blessure, le traitement des infractions à l'encontre des enfants : viols, agressions sexuelles, violences, mauvais traitements, l'être humain est capable de tout, surtout du pire, c'est d'ailleurs à cela qu'on le reconnaît. Mais, là aussi, conséquence de l'affaire d'Outreau, tout au moins à Montpellier, même s'il y avait d'autres éléments que la parole de l'enfant, la détention provisoire n'était plus de mise.

Les infractions commises par les mineurs : vaste programme. D'un côté, volonté de l'exécutif de répondre à tout manquement ; de l'autre, position des juges des enfants moins volontariste… Outre ce contentieux, j'avais en charge le contentieux des chèques, la permanence mineurs une semaine sur deux, la permanence de fin de semaine. Là aussi, il m'était imputé, en dépit de la lourdeur de ce service, des retards.

Tout cela contribua à me faire souhaiter une autre affectation.

À ma demande, je m'étais vu attribuer le contentieux de la circulation, travail immense, digne des travaux d'Hercule ou du tonneau des Danaïdes. Les derniers temps, rien que ce contentieux représentait plus de 9 000 procédures. En outre, du fait de la loi organique relative à la loi de finance, nous étions tenus à des objectifs et soumis à des indicateurs de performance, comme dans le privé, comme si chaque dossier pouvait être assimilé à des voitures ou à des boîtes de conserve.

J'ai toujours pensé qu'objectifs et justice ne faisaient pas bon ménage. Mais il fallait rendre un certain nombre de jugements, se plier à un certain taux de poursuites pénales. Avec l'encombrement des juridictions, on ne pouvait plus rédiger de citations directes, c'est-à-dire convoquer par courrier les personnes, le champ des convocations par l'officier de police judiciaire se restreignait comme une peau de chagrin, le recours aux comparutions immédiates posait le problème de la réaction de certains juges du siège.

La plupart du temps, il ne me restait plus que des ordonnances pénales, les délinquants étaient jugés sur papier. Pour la préparation desdites ordonnances, il fallait que je remplisse des formulaires en cochant des cases. Je me disais que ce n'était pas la peine d'avoir fait autant d'études pour être cantonné à cela. Plus de décorticage de textes, plus de recherches intellectuelles.

Faites entrer la logique mathématicienne dans un tribunal, la justice sort par la fenêtre.

Et ce n'est pas fini, puisque j'avais comme contentieux les accidents de la circulation, les chèques, mais aussi le droit pénal du travail, la participation aux audiences correctionnelles et du tribunal de police de Montpellier, la commission d'indemnisation des victimes d'infractions, le règlement des dossiers d'instruction.

Et toujours des retards…

Mes supérieurs étaient méfiants. Selon certains, j'avais la main leste pour déférer alors que pour d'autres, à l'échelon supérieur, j'étais trop laxiste. Le week-end, je devais donc faire un rapport sur le déroulement des affaires, ce qui me donnait l'impression d'être sous tutelle.

À cela s'ajoutait la pression : à Montpellier, le week-end (à savoir du vendredi 14 heures jusqu'au lundi 9 heures), sauf dans les derniers temps, le magistrat du parquet devait faire office de magistrat, de standardiste, de secrétaire.

Prendre les bonnes décisions, en référer en temps utile au magistrat du parquet général.

Que signifie cette expression « en référer en temps utile » ? Ce n'est plus uniquement lorsque l'action publique est en jeu, c'est aussi prendre en considération l'impact médiatique et l'éventuel déplacement des politiques, ce qui à l'heure actuelle a tendance à devenir monnaie courante avec l'empathie pour les victimes, le penchant de nos dirigeants à se montrer sur tous les fronts, à apparaître à la télévision.

J'en ai fait les frais le 24 mars 2008, à la suite de l'accident mortel de la circulation de Gigean où sept personnes ont perdu la vie. Alors que je n'étais au courant que de l'accident lui-même sans connaître ni les circonstances exactes, ni les tenants, ni les aboutissants précis, alors que neuf personnes étaient déférées au tribunal, avec une saisine du juge des libertés et de la détention et des ouvertures d'information, alors que les téléphones n'arrêtaient pas de sonner, il aurait fallu que j'en avise immédiatement ma hiérarchie, voire que je me déplace sur les lieux, au motif que la presse était déjà là.

L'autorité administrative, à savoir la préfecture, était sur les lieux. Les ministres organisaient leurs déplacements en fonction de la présence des caméras de télévision.

Je rappellerai simplement que les faits se sont produits un lundi de Pâques, sur l'autoroute. Trafic infos a été immédiatement informé, de même que les médias, l'enquête n'était pas close, des éléments nouveaux apparaissaient au fur et à mesure, et dans l'attente j'ai retardé le moment d'en aviser le parquet général.

Mais peu importe, j'ai été convoqué dès le surlendemain à la cour d'appel pour ce que l'on nomme prosaïquement une remontée de bretelles ! Ce que le procureur général a qualifié d'un « manquement » à mes obligations, alors que bien entendu je l'aurai informé dès lors que j'aurais été en possession de tous les éléments. Cela m'a valu d'être privé de permanence pendant quelque temps, une sanction qui n'ose pas dire son nom !

J'étais en plein naufrage, en plein désarroi familial, même si mon épouse me permettait de voir les enfants quand je voulais, sans amis, sans relations, en pleine déconfiture financière, en pleine débâcle professionnelle, et je buvais.

Souvenez-vous du sketch de Raymond Devos *L'Artiste* ! Tout comme le héros de sa saynète, j'avais l'impression d'être sur une planche qui oscille sur la mer, la planche était pourrie et la mer houleuse, je chavirais à chaque instant, vert de peur, mais contrairement à l'artiste, je ne pouvais même pas crier que je faisais le plus beau métier du monde et que c'était merveilleux.

Dès lors s'est forgée en moi une structuration névrotique, une image très dévalorisée de moi-même, une perte de l'estime de moi, une grande quête affective et un besoin de reconnaissance.

J'avais tenté la colocation. Mais il n'y a pas que sur les neurones de la jeune génération que les émissions telles que « Secret Story », « Star Academy » créent des dommages irréversibles, elles nuisent aussi gravement à la sérénité de la colocation.

Pour ne pas définitivement sombrer, j'ai cru me raccrocher à ce qui me semblait être un ami, même de comptoir, le fameux dentiste avec qui j'entretenais des relations de compréhension, d'entraide, de soutien. Le naufragé dérivant au milieu de l'océan déchaîné ne s'accroche-t-il pas à la première planche qui flotte près de lui, ou risque-t-il l'épuisement fatal en attendant que vogue à proximité le navire-hôpital de la Marine nationale ?

Il m'a été dit que cet ami chirurgien-dentiste avait écrit à son avocat pour mettre en avant nos relations ; que cet avocat s'était servi de cette information auprès des services du parquet général pour négocier la libération de son client contre ma tête, pièce remise sous la foi du palais [11].

Je me demande où l'on va si ceux que l'on considère comme des auxiliaires de justice se croient dans les séries « Les experts », « New York, section criminelle » ou « New York, unité spéciale ». Plutôt que de visionner en boucle ces feuilletons, il serait de bon ton que cet avocat applique le Code de procédure pénale et un Code pénal à jour.

Toujours est-il que le parquet général, en émoi, en a avisé le parquet de Montpellier, en la

11. « Rififi à la cour », *Le Point*, 11 juin 2009.

personne du procureur adjoint, de permanence ce week-end-là.

Je n'ai pas assisté à leur entretien, mais je les imagine parlant de l'affaire, se tortillant, s'entortillant, se plissant, pâlissant, rosissant, jaunissant, balbutiant, rougissant, s'écrevissant, soupirant, rêvant d'être des lapins, souhaitant être ailleurs, s'égarant, comme s'ils avaient une valise dans chaque main.

8

Le précipice

« Boire le calice jusqu'à la lie. »
Marc XIV, 36

Un moment douloureux : revenir au déroulement de cette garde à vue.

Après un temps de repos, non un temps d'apaisement ni un temps de sommeil, je fus extrait de ma cellule pour l'interrogatoire. Tout d'abord, on me questionna sur mon curriculum vitae, puis on en vint au fond du dossier.

Outre les faits à proprement parler, on s'intéressa à ma situation professionnelle, personnelle, familiale et financière.

Rappelons à ce sujet l'article 429 du Code de procédure pénale, dans son alinéa 2. Il s'agit là d'une des conséquences de l'affaire d'Outreau. Ce texte précise que « tout procès-verbal doit comporter les questions auxquelles il est répondu ».

Souvent la question est tellement « dégueulasse » que l'on dirait que l'enquêteur a honte de la poser.

Ainsi, au vu de mes SMS, il ne m'a pas été demandé, à propos d'un banal échange avec ma colocataire : « Compte tenu de la teneur des messages, êtes-vous certain que la nature de vos rapports avec cette personne de sexe féminin n'est pas sexuelle ? », mais : « N'y a-t-il pas plus que de simples rapports amicaux ? »

On appelle cela s'exprimer par métaphore ou périphrase.

Autre exemple. Dans *Le cave se rebiffe* dialogué par Michel Audiard, on peut entendre :

– À cause d'une bévue ancillaire.

– ? (étonnement de l'interlocuteur)

– Une connerie de ta boniche.

De même, une personne mal intentionnée pourrait conseiller de dire non pas une « connerie policière », ce qui serait susceptible de donner lieu à des poursuites pour outrage, mais plutôt une « bévue de l'éminent représentant des forces de l'ordre. »

Parfois, la question peut être plus brutale, si ce n'est plus franche.

C'est ainsi qu'un officier de police judiciaire me demanda : « Trouvez-vous normal et comment expliquez-vous qu'un magistrat ait autant de prénoms d'origine maghrébine dans son répertoire téléphonique ? » et l'acta.

Drôle de question, vous en conviendrez, au pays des droits de l'homme.

J'avais l'impression, compte tenu de l'attitude de certains enquêteurs, d'être le jambon du sandwich police-magistrature. En effet, quelques mois auparavant, un commissaire de police avait été mis en examen pour violation du secret professionnel et corruption passive.

Il avait été placé en détention provisoire par la cour d'appel de Paris. Le parquet, ayant estimé que les faits étaient graves et qu'il existait un risque de concertation, avait exercé un recours à l'encontre de la décision du juge d'instruction, qui n'avait ordonné qu'un contrôle judiciaire. Ce n'était plus la guerre des polices mais la guerre magistrature/police.

Il faut dire que certains de mes collègues prennent un plaisir certain à casser des procédures et n'hésitent pas à critiquer sévèrement les enquêteurs, y compris lors de l'audience publique.

Je fus soumis à un roulement ininterrompu de questions. Ceux qui m'interrogeaient étaient trois. Je n'ai qu'un souvenir très vague de leur visage. Je voyais tout comme dans un brouillard.

Le directeur d'enquête, encore jeune, une gravure de mode, hormis cela courtois autant que faire se peut. Le deuxième, entre deux âges, distant. Le troisième, le principal, s'inquiétait de l'origine ethnique de mes amis.

C'est l'exemple même de l'institutionnalisation de notre système policier. Le gardé à vue passe de main en main, perdant ainsi tous ses repères, ce qui est une méthode de déstabilisation.

Entre eux, en dehors des interrogatoires, parlant de leurs vacances, de l'organisation du service, critiquant les absents, bref un instantané du corps de certains fonctionnaires…

Mais la garde à vue a aussi son petit aspect pédagogique. Les enquêteurs insistèrent lourdement, le mot est faible, sur mes relations avec l'avocat que j'avais initialement choisi. On sentait de façon sous-jacente mais nette qu'après un petit magistrat, ils se feraient bien cet avocat. Il faut dire que les policiers avaient en travers de la gorge le non-lieu légitime dont il avait antérieurement bénéficié. Et les allusions du genre « Vous n'allez pas payer pour lui ? », « Il s'est servi de vous », j'y ai eu droit.

Mais je n'allais pas le mettre en cause alors qu'il n'était pour rien dans les relations amicales que j'avais, objet du débat…

Il est vrai que, chez ceux qui m'interrogeaient, il y avait une tendance à confondre amitié, entraide, soutien et corruption ; ce fut le cas pour le dentiste, comme ce fut le cas pour les personnes que j'avais aidées pour des problèmes de stationnement.

Enfin, le 14 août, à 7 h 45, ma présentation devant le magistrat instructeur fut décidée. Je fus mis en route pour le palais de justice de Béziers. Le palais de justice abrite le tribunal de grande instance, le tribunal d'instance et le tribunal de commerce. L'ancien palais épiscopal est devenu par la grâce de la Révolution un lieu de justice. Celui-ci, en dépit de travaux de restructuration et d'extension, se ressent encore de sa vocation première ; il est, c'est tout au moins l'impression que j'en ai eue, vétuste et peu fonctionnel.

Je ne redoutais qu'une chose : rencontrer l'un de mes anciens collègues que j'avais côtoyés dans mes pérégrinations.

En raison de la crainte que d'aucuns éprouvaient que je ne me suicide, je fus examiné par un médecin psychiatrique. Déjà, je sentais se rapprocher de moi la destination de la maison d'arrêt. J'appréhendais d'être incarcéré dans une prison où je serais mis en présence de prévenus ou de condamnés que j'avais poursuivis.

Devant le magistrat instructeur, comme la loi me le permettait, je choisis de m'expliquer, maintenant mes premières déclarations. Curieusement, j'étais dans un tel état second que le fait de me retrouver de l'autre côté du bureau me touchait moins que je ne le pensais.

Puis vint le temps du débat contradictoire. Mais là se posa une difficulté d'ordre technique. La juge des libertés et de la détention se récusa au motif qu'elle m'avait connu à Montpellier. Il fallut attendre la désignation d'un autre magistrat pour qu'il soit statué sur mon sort. Même professionnellement, j'ai toujours considéré que le débat contradictoire est une hypocrisie. Ce que j'ai vécu personnellement n'a fait que confirmer ce que je pensais.

Qu'est-ce qu'un débat contradictoire ? Aux termes de l'article 145 du Code de procédure pénale, le juge des libertés et de la détention, lorsqu'il est saisi par une ordonnance du juge d'instruction tendant au placement en détention provisoire, fait comparaître devant lui le mis en examen et son avocat en présence du ministère public. Ce dernier développe ses réquisitions, puis le juge des libertés et de la détention recueille les observations de l'intéressé et de son avocat. Hypocrisie, ai-je dit ? Je persiste et signe, mais il est vrai que, sans hypocrisie, il ne peut pas y avoir de société… La plupart du temps, le juge des libertés et de la détention ne dispose d'aucune indication sur la personnalité du mis en examen. Il n'a pas la possibilité de dire au juge d'instruction d'aller dans tel ou tel sens. Il n'est jamais contacté par le magistrat instructeur téléphoniquement. En outre, deux personnes se sont déjà penchées sur le cas. Il est très rare que le troisième intervenant vienne bouleverser la donne, et ce, quel que soit le talent de l'avocat, et Dieu sait si mon conseil en avait et savait en faire étalage.

Bornons-nous pour l'instant à dire qu'il n'arrive que très rarement, pour ne pas dire jamais, que les décisions de placement ou de maintien en détention provisoire soient motivées rigoureusement, notamment quant aux « éléments précis et circonstanciés résultant de la procédure ».

Hypocrisie encore lorsque le représentant du ministère public conteste avoir reçu des instructions précises dans un dossier particulier, puisque, je l'ai déjà précisé, c'est expressément prévu par le Code de procédure pénale.

Duplicité lorsque le texte prévoit qu'en matière correctionnelle l'ordre public ne peut être évoqué. Bon nombre de placements en détention provisoire sont de façon intime et cachée motivés par ce critère, tout le reste n'est que de l'habillage.

En tout état de cause, la juge des libertés et de la détention, après avoir entendu chacun de nous, dont le procureur de la République en personne, lequel, le détail est à noter, fut mon chargé de direction d'études à l'École nationale de la magistrature, nous fit nous retirer afin de délibérer.

Le délibéré dura deux heures au grand dam des policiers chargés de me surveiller.

La raison de cet intervalle de temps qui aurait pu sembler à d'autres une éternité, je l'ignore. Mais sachant comment le système fonctionnait, je ne me faisais aucune illusion. *Ite missa est.*

Une dernière précision sur le délai, les policiers disaient perfidement que personne ne savait se servir de l'informatique.

Une version plus optimiste peut être avancée, à savoir une hésitation à m'incarcérer : nul doute que le téléphone a dû fonctionner entre Paris et Béziers.

Enfin, nous réintégrâmes le cabinet du magistrat et la décision fut rendue : j'étais incarcéré. Pour la première fois, j'allais du barreau… aux barreaux.

9

Au fond du trou

« Lasciate ogni speranza. »
(« Laissez toute espérance. »)
Dante, *La Divine Comédie*

Il fut un temps où l'architecture était un livre. À la porte ou au fronton des maisons, des édifices, la coutume fut prise de graver des formules destinées à indiquer la destination matérielle ou philosophique des bâtiments. C'est ainsi que fleurirent les « Liberté, Égalité, Fraternité » sur les mairies, les écoles. D'autres lieux portaient outils ou triangles et glorifiaient la lettre G comme géométrie. Pour les prisons, ce fut beaucoup plus sommaire : « maison d'arrêt et de correction ». C'était à une époque où la

France se découvrait un intérêt pour la science pénitentiaire, où, face à la compréhension de l'inutilité et de la barbarie des châtiments corporels, l'emprisonnement semblait être la panacée.

On pensait que la prison permettait de mettre un coup d'arrêt à l'activité délictuelle des personnes, mais aussi à ces dernières de se corriger. Mais, dès le XIXe siècle, il fallut déchanter. Depuis quasiment deux siècles, les critiques fusent, non seulement de la part des philosophes, des sociologues, des juristes, mais aussi des écrivains.

Il suffit de lire *Claude Gueux* ou *Le Dernier Jour d'un condamné* de Victor Hugo pour comprendre le caractère néfaste de la prison. C'est pourquoi je suggère de graver au frontispice des prisons la formule de Dante : « Laissez toute espérance. »

Je le concède, lorsque j'étais magistrat, cela ne me préoccupait guère. Il faut dire que, à l'époque de ma formation, l'auditeur de justice, c'est-à-dire l'élève magistrat, ne passait guère de stage en maison d'arrêt. Il serait peut-être souhaitable que la réalité de l'autre côté des barreaux soit touchée du doigt par les futurs magistrats.

Que le lecteur nous permette de le ramener à Béziers, au moment où le juge des libertés et de la détention, après environ deux heures de délibéré, avait estimé qu'il y avait lieu de m'incarcérer. J'étais en attente de transfèrement. Mais comme j'avais été présenté à 7 h 45 et qu'il était 20 heures, il fallait que la relève de l'escorte soit assurée. J'ignore pourquoi, mais à ce moment me trottait dans la tête l'air « C'est la garde montante qui croise la garde descendante ».

En outre, bêtement et mesquinement, je pensais que les policiers qui m'avaient présenté au magistrat instructeur estimaient que cela allait durer peu de temps, or la suite leur prouva que non. Je ne vous dis pas que ce n'est pas injuste, mais ça soulage.

Donc, je fis un détour par le commissariat de Béziers où de nouveau je fus placé en cellule. Aux alentours de 21 heures, nous prîmes l'autoroute. À un moment donné, lorsque je vis un panneau annonçant la sortie pour Carcassonne, j'eus un pincement au cœur en pensant à mes trois enfants, me demandant quand j'allais les revoir et m'inquiétant de leur réaction quand ils subiraient éventuellement les quolibets de leurs camarades, car cet âge est sans pitié.

Déjà que lorsque j'étais libre, quinze jours sans les voir me semblaient une éternité. La phrase de Lamartine me revenait à l'esprit : « un seul être vous manque et tout est dépeuplé ». Mais là, c'était trois êtres, ce n'était plus un dépeuplement, c'était un gouffre, un abîme, je me disais que je ne les verrais pas grandir. Je ne pourrais pas leur communiquer mes passions littéraires et cinématographiques, et plus que tout, je me demandais quelle image ils auraient de leur père, celle d'un taulard, d'un magistrat corrompu ou malgré tout celle du papa aimant, partageant les jeux, les promenades, des passions, leurs heurs et malheurs.

Nous arrivâmes à la maison d'arrêt de Seysses à 23 heures passées. Là s'effectuèrent les formalités de greffe. Qu'est-ce donc ? Il s'agit de toutes les formalités administratives : prise d'empreintes digitales, remise de tout ce qui se trouve dans les poches, menue monnaie, ceinture.

Mais avant d'entrer dans ma cellule, à l'instar de Guillaume Apollinaire à la Santé, il fallut me mettre nu. Une gêne me saisit, car je n'avais pu me changer durant ces quarante-huit heures. Les surveillants me répondirent, quand je leur en fis état, qu'ils avaient vu bien pire.

Néanmoins, mon statut me permit d'éviter les cellules réservées aux arrivants, vastes entassements, d'être inspecté par le directeur de la maison d'arrêt, puis par la directrice chargée du quartier d'isolement. Après l'entretien d'identité, pendant lequel ils s'efforcèrent de me réconforter, m'assurant que ma vie ne se finissait pas là, je fus dirigé vers ma cellule, non sans passer devant une psychologue, comme l'exige le Code de procédure pénale.

Et là je devins le numéro 12211Y.

Craignant que je n'attente à ma vie, elle me remit des anxiolytiques et du valium. Je pénétrai à l'intérieur de la pièce d'environ 9 m^2, muni du paquetage de l'arrivant, à savoir couverture, draps, trousse de toilette comprenant savonnette, shampoing, rasoirs, ainsi qu'une assiette, un bol, un verre, un couteau à bout rond, une fourchette. J'eus droit également à un sandwich que je mastiquai sans grande conviction.

Je pris mes médicaments, à l'exception du valium, et, n'étant guère habitué à cette médication, je tombai comme une masse, ce qui eut comme effet, ainsi que me le révéla ultérieurement la sous-directrice de la prison, d'être dans un état comateux le 15 août, jour de l'Assomption. Pour une « élévation au ciel », y a mieux ! Et comme j'ai une chance du diable, le 16 et le 17 août étaient respectivement un samedi et un dimanche. Autant dire, pas de service social, pas de médecin.

J'eus tout le temps de réfléchir. Je n'irais plus me promener avec mon chien, je n'entendrais plus chanter les oiseaux, je ne verrais plus mes enfants et ne sentirais plus la douceur de leurs regards de reconnaissance et d'amour fixés sur moi.

Je quittais mon appartement, ma chambre, ma petite chambre. Je ne lirais plus mes livres, je ne travaillerais plus sur ma petite table. Lorsque j'irais en promenade, je devrais subir la curiosité des autres qui sauraient d'une façon ou d'une autre que « celui-là, c'est le fameux Patrick Keil qui a été juge d'instruction à Lille, mais si, tu sais, celui de l'affaire Festina, le substitut ripou ».

Peu de choses à faire en cellule, regarder la télévision, laquelle est payante, environ 8,50 euros par semaine, sortir en promenade à heure fixe, mais, dans les premiers temps, je m'y refusai. Le premier jour où je sortis, je pleurai de rage, de honte et de vexation. Je tournais,

tournais, tournais toujours, tel un ours dans une fosse. Le ciel bleu était grillagé.

Seysses, ouverte – si l'on peut employer cet oxymore à propos d'une prison – en 2003, présente la triple originalité qu'une douche est disponible dans chaque cellule, de disposer d'une cuisine centrale et d'être, en dépit de sa date récente, déjà surpeuplée.

Afin de ne pas sombrer dans l'abrutissement, je sollicitai des livres, ce qui me fut accordé. Mais, las, le fonds de la bibliothèque ne correspondait pas à mon attente, en dépit des efforts conjugués des surveillants et de la direction.

Néanmoins, cela me permit de relire *Les Chouans* de Balzac. Mon statut ne me permettait pas de travailler, et ce, afin que je n'aie pas de contact avec les autres détenus.

L'encadrement pénitentiaire fut plus que correct et compréhensif.

Comme tout détenu, j'eus droit aux visites médicales, aux entretiens psychologiques et psychiatriques. La nourriture était acceptable. Comme personne ne venait me rendre visite, on me fournit des vêtements.

À l'aspect pénal vint s'ajouter l'aspect administratif. L'affaire ayant ému, selon la formule consacrée en hauts lieux, je fus très vite avisé que j'allais faire l'objet d'une sanction administrative.

Le temps s'écoula ainsi. Ma seule distraction, outre la lecture et la télévision, vint d'un moineau, ou, comme on dit à Paris, d'un pierrot que je voyais virevolter et que j'entendais gazouiller. Je me mis à envier l'innocent volatile. C'est à cette occasion que je découvris la pratique du yo-yo, consistant pour les détenus à s'échanger des cigarettes contre de la nourriture au moyen d'un fil ; parfois, cela fonctionnait, mais plus fréquemment l'attache était trop courte ou le nœud mal serré.

Le 5 septembre 2008, à 7 heures du matin, le surveillant m'avisa que j'allais être à nouveau transféré. Je préparai mes affaires et dus à nouveau me soumettre aux formalités d'usage.

Je fus conduit à l'aéroport pour Paris. De l'aéroport, je fus emmené à la Santé. Cette maison d'arrêt de forme trapézoïdale, construite en 1867 par un certain Vaudremer, eut le triste privilège de connaître les premières exécutions capitales intra-muros, de servir d'entrepôt à la guillotine et de voir emprisonner les résistants. C'est à la Santé que des personnalités telles qu'Apollinaire, Victor Serge, Bernard Tapie, Léon Daudet, Bernard Bonnet, Loïc Le Floch-Prigent, Serge Livrozet ont été incarcérées. Ce sont les murs de cette prison qui inspirèrent à Yves Duteil une chanson en 1975. Cette maison d'arrêt n'a toujours pas été rénovée et ferme de plus en plus de cellules.

Mon statut me permit d'être installé au quartier VIP, mais qui n'a de VIP que le nom. À partir de ce moment, le numéro 12211Y devint le 289944, mais personne ne me gagna à la loterie.

Contrairement à ce que pense le commun des mortels, le seul avantage du quartier VIP est de ne pas être mêlé aux autres. Un blog lu très récemment me fait sortir de mes gonds. À propos de l'incarcération d'un maire, un taré ou un ignorant ose écrire que cet élu va avoir droit à tout le confort : « bonne bouffe, télévision gratuite, téléphone portable, douches ». Pauvre crétin ! Un taulard reste un taulard.

Le régime est identique : fouilles de la cellule, humiliantes fouilles corporelles intégrales lorsqu'on est extrait, présenté devant un magistrat, à quatre reprises dans ce cas, ou à l'issue d'un parloir, menottage des mains dans le dos, fourgons cellulaires. Il n'y a pas intérêt à devoir aller à l'hôpital, car outre le menottage, on vous affuble d'entraves aux pieds. Peu importe le statut du détenu, l'ostracisme de certains surveillants est palpable.

La nourriture est aussi exécrable, bien loin de l'esprit et de la lettre de l'article D. 354 du Code de procédure pénale stipulant que les détenus doivent recevoir une « alimentation variée, bien préparée et présentée, répondant tant en ce qui concerne la qualité et la quantité aux règles de la diététique et de l'hygiène ». Je n'ai jamais mangé de la « merde », mais ce que j'ai ingurgité à la Santé doit y ressembler.

Imaginez, le dimanche, des pommes de terre froides, parfois des courgettes cuites à l'eau, sans une seule goutte d'huile ou un morceau de beurre, de l'ersatz de jambon fait à partir d'os de volailles broyés et reconstitués.

C'est un surveillant qui est chargé de la cuisine. De deux choses l'une, ou il a un compte à régler avec les détenus, ou c'est un as de la cuisine moléculaire, un innovateur de la restauration, spécialisé dans l'absence de saveurs. J'ai eu droit à des mariages étonnants : du semblant de poisson avec des lentilles ou des haricots blancs.

Parfois, il valait mieux ne pas savoir ce qu'il y avait dans l'assiette. D'où la propension chez le plus grand nombre de détenus à se nourrir selon leur propre « régime », composé essentiellement de barres chocolatées, de pâtes, de gâteaux, de sucreries, « cantinés », c'est-à-dire payés par le détenu.

À la maison d'arrêt, le détenu ne peut pas avoir de plaques électriques, d'où le recours au système D : confection de plaques de cuisson à partir de cartons, d'huile et de bougies, avec tous les risques que cela suppose.

Pour ce qui est de la cellule, imaginez un espace confiné d'environ 9 m^2, aux murs jaune pisseux, le sol recouvert d'un linoléum rouge, comme fenêtres des vasistas qui, contrairement aux normes, ne sont pas à hauteur d'homme, comme éclairage une lampe blafarde, dans lequel il faut vivre dix-huit heures sur vingt-quatre.

Il faut savoir qu'en France 85 % des cellules ont une surface inférieure à 11 m^2.

Rappelons que l'article D. 351 du Code de procédure pénale précise : « Dans tout local où les détenus séjournent, les fenêtres doivent être suffisamment grandes pour que ceux-ci puissent lire et travailler à la lumière naturelle. L'agencement de ces fenêtres doit permettre l'entrée d'air frais. La lumière artificielle doit être suffisante pour permettre aux détenus de lire ou travailler sans altérer leur vue. »

Quant à l'article D. 350, il dispose que « les locaux de détention, et en particulier ceux qui sont destinés au logement, doivent répondre aux exigences de l'hygiène, compte tenu du climat, notamment en ce qui concerne le cubage d'air, l'éclairage, le chauffage et l'aération ».

Les toilettes ne sont isolées des lits que par une cloison faisant office de porte, d'une hauteur devant permettre au personnel pénitentiaire de voir à tout moment le détenu.

En cellule, y compris dans le quartier des VIP, et contrairement à Seysses, pas de douche individuelle, pas d'eau chaude. En ce qui concerne les douches collectives, pas de local de ventilation.

Le moins que l'on puisse dire, c'est que, sur ces points également, le droit ne semble pas être entré à la maison d'arrêt de la Santé.

En ce qui concerne le taux d'occupation, selon les normes de l'Administration pénitentiaire, les cellules d'une surface inférieure à 11 m^2 ne peuvent être occupées que par un seul détenu, celles de 12 à 14 m^2 peuvent accueillir deux personnes, celles de 15 à 19 m^2 trois personnes, celles de 20 à 24 m^2 quatre personnes.

Dans la réalité, ces normes ne sont pas respectées et les détenus sont fréquemment placés par trois, voire quatre, en cellules individuelles. Parfois, cette exception est justifiée par la nécessité d'assurer la sécurité physique du détenu. Tel fut mon cas. Et je partageai ma cellule avec quelqu'un. L'entente fut bonne.

Au sujet de la literie, l'article D. 356 du Code de procédure pénale stipule que « chaque détenu doit disposer d'un lit individuel et d'une literie appropriée, entretenue convenablement et renouvelée de façon à en assurer la propreté ». Si tel était le cas à la prison de Seysses, lorsque je suis entré pour la première fois dans ma cellule à la Santé, je n'ai pu que constater qu'il s'agissait d'un lit en fer et que le matelas en mousse était plus qu'usagé. En outre, du fait de la surpopulation sévissant dans la plupart des maisons d'arrêt, certains détenus se trouvent contraints de dormir sur un matelas posé à même le sol.

Les draps sont lavés une fois tous les quinze jours par l'Administration pénitentiaire. Le nouvel occupant doit se voir remettre des draps et des couvertures propres. Notons qu'à la maison d'arrêt de la Santé les couvertures ne sont pas changées.

Le service médical, en dépit des efforts et du dévouement du personnel soignant, est alarmant. Il faut savoir que ce personnel dépend depuis 1995 de l'Assistance publique et qu'il est ressenti un peu comme un trublion.

Seul le dépistage de la tuberculose est obligatoire, pas celui de l'hépatite C ni du HIV.

Le service fonctionne comme un dispensaire, les examens, y compris ophtalmologiques, sont pratiqués à l'hôpital. Il en va de même, bien sûr, des hospitalisations. La surveillance des détenus hospitalisés est effectuée par des CRS, crânes rasés, treillis, matraques au flanc, rangers aux pieds. Selon Véronique Vasseur, ancienne médecin-chef à la Santé, une surveillante de chirurgie lui aurait téléphoné pour lui dire : « Qu'est-ce que c'est que ces Rambos que vous nous avez envoyés ? Je vous préviens, ils sont tellement hard qu'on ne leur offre même plus le café[12]. »

Le courrier, seul lien avec l'extérieur pour certains, est soumis à la censure de la direction de l'établissement et du magistrat.

Le temps s'écoule inexorablement, partagé entre les promenades dans une petite cour, les « activités » consistant en des parties de ping-pong ou des jeux de cartes, selon un horaire bien précis. L'ennui et l'oisiveté sont les principales maladies en maison d'arrêt. Dès que l'intérêt se porte sur quelque chose de tangible, les souffrances semblent être oubliées. D'où la volonté chez certains de rechercher le contact avec les médecins, psychiatres, psychologues, psychomotriciens. Cela fait quelques instants en dehors de la cellule.

En promenade, lorsque je tournais comme un ours – pas en rond, car la cour offre la particularité d'être triangulaire –, prisonnier sans horizon, par-delà les murs nus, j'écoutais les bruits de la ville. Ceux qui me frappaient le plus

---

12. *Médecin-chef à la prison de la Santé*, Le Cherche-Midi, 2000.

étaient les cris des enfants ; une crèche et une maternelle donnent en effet sur les murs de la rue Jean-Dolent, et je ne pouvais m'empêcher de penser à mes trois petits, si loin.

Puis vient l'épreuve de la nuit ; en prison, le sommeil est un luxe.

Comme la plupart des détenus, je me raccrochais au cachet de Lexomil, il faut bien oublier les cris des punis du mitard, ceux qui ont des crises d'angoisse ou qui n'ont pas eu leur traitement, le matelas si mou qu'il faudrait une planche pour ne pas s'enfoncer, l'œilleton qui cliquette, les clés qui tintinnabulent.

À propos des mesures de sécurité, il me revient en mémoire un souvenir particulier. C'était à l'occasion de ma première convocation devant le Conseil supérieur de la magistrature, le vendredi précédant la visite du pape Benoît XVI. Je fus installé, menotté, à l'arrière d'un véhicule, avec deux policiers de chaque côté et deux autres à l'avant. Deux motards nous précédaient, tandis que deux autres nous suivaient ainsi qu'une seconde voiture avec quatre autres fonctionnaires de police, le tout – je parle des policiers, cela va sans dire – avec des gilets pare-balles, armé jusqu'aux dents. Nous descendîmes de la Santé jusqu'au quai de l'Horloge, sirènes hurlantes. Ce qui ne manqua pas d'attirer l'attention des badauds et me donna l'impression d'être un ennemi public extrêmement dangereux. Il est vrai que du haut de mon 1,57 mètre pour 45 kilos…

Un dernier mot sur l'audience devant le CSM : le 11 septembre 2008, je fus convoqué devant le Conseil de la magistrature pour être provisoirement suspendu. L'ironie de l'histoire voulut que le substitut qui signa ma réquisition d'extraction se nommait Fabrice Burgaud, passé de la section antiterroriste à la section exécution des peines, en attente lui aussi de passer devant la même instance. Pas d'états d'âme, c'est juste une question de boulot.

Rien n'a réellement changé depuis *Claude Gueux* ou *Le Dernier jour d'un condamné.* Toujours cette même volonté de déshumaniser, de désocialiser, de désindividualiser, de déresponsabiliser, voire, dans certains cas, d'humilier le détenu, le prisonnier.

Un exemple parmi d'autres : le problème des douches. Il est évident que l'hygiène est l'un des premiers droits. Commencez par vous sentir sale, vous ne tarderez pas à perdre votre dignité, or la dignité est la seule chose qui reste à un homme en prison. À Seysses, le problème ne se posait pas compte tenu de la configuration des lieux. Les premières semaines à la Santé ne posèrent à ce sujet aucun problème. Mais un dimanche, à 7 h 30, alors que je sollicitais une douche comme d'habitude, je me heurtai à une fin de non-recevoir sans explication.

Même refus à l'issue de la promenade. Avec deux autres détenus, je demandai à tout le moins une information auprès du gradé de permanence, faisant observer qu'il s'agissait là d'une mesure arbitraire. Lettre morte. Nous rédigeâmes, chacun de notre côté, un courrier, signalant que l'article D. 358 du Code de procédure pénale dispose que les détenus doivent pouvoir prendre une douche au moins trois fois par semaine ainsi qu'après les séances de sport et au retour du travail, qu'aucune disposition du règlement intérieur ne venait préciser les conditions d'utilisation de ces douches, que dès lors l'attitude du jour en question était une méconnaissance de nos droits. Nous obtînmes satisfaction par la suite. Comme quoi, avoir fait du droit peut servir, même à se laver.

Il est à noter, par ailleurs, que le refus de réintégrer sa cellule est susceptible d'enclencher une procédure disciplinaire, tout comme la découverte d'objets prohibés : friandises qui auraient été apportées par des visiteurs, téléphone portable, produits stupéfiants. On appelle ça le prétoire ; l'une des sanctions est le quartier disciplinaire, plus communément le mitard. Cette sanction, pouvant aller jusqu'à quarante-cinq jours pour les fautes les plus graves, entraîne *ipso facto* la privation des droits d'achats en cantine et des activités, la suspension des droits de visite. Les personnes qui y sont placées ne conservent que le droit de se promener au moins une heure par jour dans une cour individuelle et de recevoir la visite d'un aumônier et d'un médecin au moins deux fois par semaine et des travailleurs sociaux.

Remarquons, pour achever le tableau, que lorsque le fait déclenchant la procédure disciplinaire constitue une infraction pénale, l'intéressé fera également l'objet d'une poursuite judiciaire, le plus souvent sous forme de comparution immédiate. À la sanction pénitentiaire viendra très souvent s'ajouter une sanction pénale.

Qu'est-ce que le mitard ? Bien que construites au même niveau architecturalement parlant, les cellules disciplinaires peuvent être comparées à de véritables racines, s'alliant aux fondations des puissantes bâtisses que sont les prisons. Moralement et psychologiquement, elles constituent pour le détenu de véritables in-pace, culs de basse-fosse, comme si elles allaient en se rétrécissant, en s'assombrissant. Elles donnent l'impression à ceux qui y sont enfermés de sentir peser sur leur tête un entassement de pierres, de fer et de surveillants. À l'enfermement de la prison tout entière s'ajoute une nouvelle serrure, un cadenas supplémentaire venant compléter et compliquer la première privation de liberté. Dante n'aurait pas pu trouver mieux pour son Enfer.

Selon le rapport établi par le Pr Jean-Louis Terra en 2003, 10 à 17 % des suicides ont lieu au quartier disciplinaire. D'après le Dr Sophie Baron-Laforêt, le taux de suicide est sept fois plus élevé en quartier disciplinaire qu'en régime de détention normal. La spécialiste précise que le délai entre la mise en isolement et le suicide est en général très court ; plus de la moitié des suicides interviennent dans la première journée, et parmi ceux-ci plus du quart dans la première heure.

Dans ce cas, il n'y a pas de profil de détenus particulièrement à risques : profession, situation pénale ou familiale importent peu.

Dostoïevski écrivait : « Nous ne pouvons juger du degré de civilisation d'une nation qu'en visitant ses prisons. » Mais sommes-nous réellement civilisés ? La question peut légitimement se poser.

Hormis les pensionnaires du quartier où j'étais inséré et qui présentaient tous la particularité d'avoir un certain équilibre, ainsi que l'envie d'en sortir le plus vite et de ne pas y retourner, force est de constater que les autres détenus ne donnaient pas l'impression de pouvoir connaître une autre vie. Le système social, les perspectives de formation, d'enseignement, de scolarité sont dépassés. Notre époque, et cela risque de s'aggraver dans le contexte économique et social actuel, ne fait rien pour lutter contre la récidive. La prison ne remplit plus son rôle d'amendement et de correction, à supposer qu'elle l'ait jamais assumé.

Il s'agit d'un système d'exclusion comparable au *scalae Gemoniae*, c'est-à-dire à l'escalier des Gémonies, grand escalier entre le Capitole et le Forum Romanum où les corps des suppliciés étaient exposés après leur mort. Ce sentiment est tel que les personnes incarcérées reproduisent la vie dans les cités, s'interpellent de fenêtre en fenêtre, mettent la musique à fond, le vacarme atteignant son maximum quand les détenus suivent le football à la télévision. Les noms d'oiseaux et les expressions imagées volent immanquablement lors de la retransmission des matchs opposant le PSG à l'OM.

Comment tient-on ? Difficilement. Si je n'étais pas aussi têtu, aurais-je mis fin à mes jours ?

D'autant que la période de mon incarcération correspond à l'explosion des chiffres de suicides en maison d'arrêt. C'était à qui, à la Santé, apporterait sa pierre à un comptage tragique, grotesque, malsain : 95, 96, 97, 98, 99, 100…

Selon un rapport, le taux de suicide en France en prison était de 16 % en 2006 ; à titre de comparaison, il était de 5 % en Turquie [13].

Dans un entretien avec le journal *Le Monde* le 1er avril 2009, le Dr Louis Albrand explique que la grille d'évaluation du potentiel suicidaire n'est utilisée que dans 48,7 % des cas ; la suppression

13. Statistique pénale annuelle du Conseil de l'Europe, Pierre V. Tournier, publié dans l'ACP nº 142 du 8 juin 2009.

des points d'accroche, alors que 95 % des suicides ont lieu par pendaison, n'est réellement effectuée que dans les nouveaux établissements, car cela nécessiterait un budget conséquent. Notons que Rachida Dati avait envisagé une autre piste, le remplacement des draps en tissu par des draps en papier. Ce qui n'était qu'une simple suggestion est devenu depuis lors une préconisation lancée par Michèle Alliot-Marie. De plus, ce n'est pas simplement les draps qui devront être en papier, mais aussi les pyjamas.

La mise en place de ces mesures devrait compliquer la tâche des statisticiens. En effet, la publication des derniers chiffres, soit 85 suicides de janvier à août 2009, est déjà au centre d'une polémique, les députés de l'opposition faisant valoir que ces chiffres ne prennent pas en compte les cas de surdose médicamenteuse. Qu'en sera-t-il des suicides par étouffement (suite à l'ingestion de la matière) ou par immolation ?

L'Administration pénitentiaire ne prévoit pas, contrairement à ce que souhaitait Pr Jean-Louis Terra en 2003, le placement des détenus en cellules sécurisées pendant soixante-douze heures plutôt qu'en quartier disciplinaire ; de même, la proposition de tenir un recueil d'informations dans le cas où une personne à comportement suicidaire est placée en garde à vue s'est heurtée à la résistance de la police. Notons par ailleurs que le fait d'avoir une famille, un conjoint ou des enfants (spécifiquement les pères de trois enfants ou plus) est un facteur de risques. Contrairement au milieu libre, la famille ne protège pas en milieu carcéral du suicide.

Mais il ne s'agit pas d'une nouveauté, la situation carcérale est, pour reprendre une expression journalistique, un « marronnier », ou plus trivialement une « vieille lune ».

Dans l'histoire de l'évolution des établissements pénitentiaires, une place particulière doit être faite à Michel Foucault, qui a fondé le Groupe d'information sur les prisons (GIP) afin de permettre aux prisonniers de s'exprimer sur les conditions de leur incarcération. L'un des mots d'ordre du groupe était : « Nous souhaitons que les prisonniers puissent dire ce qui est intolérable dans le système de la répression pénale. » Des militants firent entrer clandestinement des questionnaires dans des prisons, tout comme récemment des détenus ont filmé les conditions de leur détention à Fleury-Mérogis.

En 1970, après de nombreuses actions et interventions du GIP, la presse quotidienne et les radios furent autorisées dans les prisons. En novembre 1972, avec Serge Livrozet, arrêté et condamné pour « crime contre la propriété » alors qu'il n'avait versé aucune goutte de sang, Michel Foucault créa le Comité d'action des prisonniers. C'est en 1975 qu'il publia *Surveiller et punir*, consacré notamment à l'évolution de la conception du châtiment.

À une période où l'on parle de rétention de sûreté, il est intéressant de constater que le philosophe estimait déjà que le système pénal était en train de remplacer la punition d'actes criminels par l'invention d'une figure d'« individu dangereux » pour la société sans se soucier d'un « délit réel ». Il prédisait qu'une « société de dangers » adviendrait lorsque la sexualité deviendrait une sorte de « danger errant ». Il soulignait que ce serait possible grâce à l'établissement d'un « nouveau pouvoir médical » intéressé par les profits provenant du traitement de cet « individu dangereux ».

Puis il fallut attendre les années 1980, avec Robert Badinter et Alain Chalandon.

Il faudrait pouvoir écrire un livre entier sur Robert Badinter, son sens des convictions, sa volonté de mettre sa vie au service de ses engagements, en bref, le dernier grand ministre de la Justice. D'ailleurs, il n'est pas sain qu'un magistrat devienne garde des Sceaux, ce n'est pas un gage de qualité. La preuve en est encore flagrante aujourd'hui, suivez mon regard…

Notons que très courageusement Dr Louis Albrand boycotta la réunion du ministère de la Justice où devait être remis son rapport, dans la mesure où les préconisations de son pré-rapport étaient restées lettre morte [14].

Néanmoins, il ne faut pas se voiler la face. La prison ne fera jamais recette, car elle est le reflet des travers de notre société : mépris et exclusion du riche envers le pauvre, du savant envers l'ignorant, du natif envers l'immigré, de l'homme libre envers le détenu, et ce sentiment ne fera que s'aggraver avec la crise économique actuelle.

Aucun politique ne prendra le risque d'évoquer l'amélioration pourtant indispensable des conditions de vie dans le monde carcéral, car

14. Voir leMonde.fr du 6 avril 2009.

il mettrait sa carrière en péril. Ses électeurs potentiels ne comprendraient pas qu'un détenu soit mieux loti que le plus pauvre des ouvriers ou qu'un chômeur, la réplique habituelle étant : « S'il est en prison, c'est qu'il l'a bien cherché. » Mais ne confondons pas tout : en prison, il y a ceux qui sont en détention provisoire, c'est-à-dire ceux qui sont présumés innocents, ceux qui sont condamnés à des courtes peines et ceux qui sont condamnés à de longues peines.

Ironie du sort, passait alors en boucle à la télévision une publicité pour l'Administration pénitentiaire du style « Engagez-vous, rengagez-vous », où les maisons d'arrêt sont présentées comme des lieux calmes, aseptisés, baignant dans une lumière blanche ou verte, où les surveillants sont décrits comme sachant faire preuve à la fois d'autorité, de compréhension, de psychologie, un monde parfait, ou « le meilleur des mondes ».

Ce qui m'a permis de ne pas sombrer, c'est en premier lieu mes enfants. Je ne voulais pas qu'ils aient de leur père une image dégradée. Aussi me suis-je efforcé de leur écrire une fois par semaine.

Heureusement, également, que mes lectures me soutenaient et qu'entre les détenus existait une certaine forme de soutien, de solidarité, et ce, à tous les moments de la vie carcérale : correspondances non reçues, demandes de mise en liberté rejetées, droits de visite non exercés, convocations chez le magistrat. Au risque de choquer certains, j'ai trouvé plus d'humanité chez les « pensionnaires » du quartier VIP que chez certains de mes collègues.

De même, je remercie mes avocats Me Darrigade et Me Malgras qui, au-delà de leurs compétences professionnelles, ont su faire preuve d'une grande humanité, s'occupant de détails annexes mais qui, pour une personne privée de sa liberté, revêtent une grande importance : bail à résilier, soucis familiaux.

Peu de temps après mon arrivée à la Santé, je fus convoqué par le magistrat instructeur.

C'est à 7 heures du matin que le surveillant me demanda de me préparer. Je dus me soumettre à une fouille corporelle intégrale par le personnel pénitentiaire. On me descendit à la cellule d'attente. Les policiers chargés de mon transfèrement me fouillèrent une deuxième fois, puis me menottèrent, me placèrent dans le fourgon, où une « cage » en fer m'attendait. Le voyage se passa sans lumière ; bien sûr, j'étais toujours menotté. Arrivé au palais de justice, je fus placé dans une autre cellule d'attente, fouillé à nouveau.

Après l'interrogatoire, je fus à nouveau refouillé ainsi que lors de mon retour à la maison d'arrêt, soit cinq fouilles avec tout ce que cela peut avoir de dégradant. Car une fouille corporelle intégrale nécessite que vous vous déshabilliez complètement, que, dans un premier temps, vous vous retourniez, les mains appuyées le long du mur, les bras et les fesses tendus, pour être examiné sous toutes les coutures, et que, dans un second temps, vous vous retourniez face aux surveillants ou aux membres de l'escorte, et contrairement à ce qu'écrivait Hugo, dans ces circonstances, « on n'a pas toujours forcément des matins triomphants ». Vous devez ouvrir la bouche, appuyer votre langue contre le palais, puis la tirer. Le même cérémonial est d'ailleurs mis en œuvre à l'issue des droits de visite.

Une question se pose, cher lecteur, et je la soumets à ta sagacité : compte tenu de ce contrôle, comment se fait-il que des téléphones portables puissent être introduits en maisons d'arrêt. Un trafic organisé, diable ! mais par qui ?…

Autre souvenir marquant, le trajet en fourgon cellulaire, plus justement appelé panier à salade : ignoble voiture, doublée de tôle, divisée en deux. Sur le devant, la partie libre, destinée à l'escorte et au chauffeur. Une grille en fer sépare cette première partie de la seconde, comprenant plusieurs compartiments qui ressemblent plus à des caissons contenant un banc en métal, sans jour ni lumière. C'est là que je compris d'où venait l'expression de panier à salade, on y est secoué absolument comme ces plantes comestibles…

C'est en prison que j'ai pris conscience, un peu tard je l'avoue, du travers de certains magistrats qui se bornent à traiter des dossiers sans prendre en considération que, derrière des numéros, il y a des êtres de chair et de sang. Quand une personne est écrouée, c'est toute la famille qui se retrouve derrière les barreaux.

Prisons surpeuplées, conditions de vie des détenus en dessous de tout, y compris du minimum des minima… et aucun projet sérieux à l'horizon… Peuple de France, ne vois-tu rien venir ? Insidieusement et sûrement, on prépare l'opinion. La majorité des peines de prison courtes ou concernant des condamnés dits « peu dangereux » sera transformée en jours-amende. Tout simplement. L'État est argentophage et argentovore… Tout doit rapporter, et beaucoup !

C'est dans ces conditions que mon avocat déposa fin octobre 2008 une demande de mise en liberté. Maintenant, il ne restait plus qu'à attendre. Comme l'a dit à juste titre Jérôme Touzalin, « c'est peut-être au dehors que l'on guette, mais c'est toujours au fond de soi que l'on attend ».

10

Enfin libre

> « Libération n'est pas délivrance. On sort du bagne, mais non de la condamnation. »
>
> Victor Hugo, *Les Misérables*

Lorsque le lundi 3 novembre 2008 le fonctionnaire de l'Administration pénitentiaire vint m'annoncer que la demande de mise en liberté était acceptée, un rayon d'intense, de vraie lumière des vivants pénétra subitement en moi. Mais comme chez tant d'autres, ce rayon n'allait pas tarder à pâlir. J'avais été ébloui, émerveillé par le concept de liberté. Mais j'étais sur le point de découvrir ce qu'était la liberté dans le monde actuel.

Je fus libéré à 16 h 45, sans que personne, ni ma famille ni mon avocat, ait été prévenu. Je me retrouvai donc sur le trottoir, encombré d'un énorme sac où s'entassaient pêle-mêle mes vêtements, mes documents de procédure administrative, des livres. Je devais rejoindre la petite ville d'Armentières, où le contrôle judiciaire m'astreignait à résidence.

Grâce à mon pécule, je réussis à joindre mon père et son épouse qui, dans le délai d'une heure et demie, réussirent à venir me chercher. J'arrivai dans la petite localité où ils demeurent. J'y restai une semaine afin de prendre du recul sur ma situation. Mon père était silencieux, me regardait, scrutait je ne sais quelle expression. L'ouvrier en retraite qui avait sué sang et eau pour payer des études à son fils s'inquiétait pour cet enfant déchu. Je me mis à réfléchir à ma situation. Comment allais-je réagir ?

Je pouvais considérer que ce que je venais de vivre était une simple épreuve : mourir pour mieux renaître, goûter aux plaisirs simples de la vie, apprécier les instants qui passent, me dire qu'après ce que j'avais vécu rien ne pouvait plus ni me blesser ni m'atteindre. Mais, d'un autre côté, l'incarcération est un traumatisme, on n'en sort pas indemne. Chez certains, c'est ce dernier sentiment qui l'emporte.

Après avoir vécu en prison pendant quelques mois, voire plusieurs années, brisés, désocialisés, désemparés, déshumanisés, ils peuvent se demander si la société humaine a le droit de faire subir à l'un de ses membres un excès dans le châtiment. Ils peuvent légitimement, pensent-ils, se demander s'il n'est pas exorbitant que la société traite ainsi précisément ses membres les plus mal dotés dans la répartition de biens que fait le hasard, et par conséquent les plus dignes de ses ménagements. Ces questions ainsi posées et résolues, ils peuvent juger la société, la condamner et la vouer à leur haine. La prison n'est pas une privation de liberté. C'est une destruction de l'être.

Ma première préoccupation fut de trouver du travail. Étant suspendu provisoirement, je percevais la moitié de mon traitement, primes de résidence et de fonction défalquées. Cela ne me permettait pas de percevoir les Assedic, sans que mes contraintes financières en soient diminuées. Je me mis promptement à répondre aux offres d'emploi recueillies auprès de l'ANPE. Mais il me fallut déchanter. Entre ceux qui vous disent :

« On vous écrira », ou : « Désolé, votre profil ne correspond pas exactement à ce que nous recherchons », et ceux qui se taisent, il ne reste plus guère de place à l'espoir.

Moi qui ai toujours aimé la mer, voilà que je me retrouvais dans une galère. Il faut dire que j'avais mal choisi ma période. Quand je vous ai dit que j'étais un chat noir… Je n'ai rien trouvé de mieux que de perdre mon travail en pleine crise financière, laquelle a débouché sur une crise économique : crise des *subprimes*, crise de la liquidité effondrement des banques américaines, frilosité des entreprises, actifs pourris, etc.

Moi qui durant vingt-quatre ans n'étais jamais resté inactif, je ne pouvais plus supporter de voir les personnes qui m'hébergeaient partir travailler tandis que moi je restais désœuvré, me sentant inutile, une charge, un poids mort. Aussi n'ai-je pas tardé à craquer, à replonger dans l'alcool. Sentant le naufrage arriver, j'ai préféré partir.

Tant que mes moyens financiers me l'ont permis, j'ai dormi à l'hôtel – pas de luxe, mais un hôtel borgne qui sentait fort l'hôtel de passe ou de toxicomanes. Et quand je n'ai plus pu faire face à ce minimum, je suis parti encore une fois.

Voilà, j'avais contracté la maladie du XXIe siècle que tout le monde est susceptible d'attraper : la dèche. La journée, je restais à la gare, ayant peur de rester sur place, dans la lumière, appréhendant que les gens ne me regardent d'un air curieux, voire rigolard, craignant que les policiers ne me contrôlent. Je voyais tout ce qui se passait, et cela, en raison de mes connaissances juridiques, me choquait. Il y avait une inflation de contrôles ; sous prétexte d'une cigarette allumée dans la gare, d'une canette de bière jetée, les personnes étaient vérifiées sans ménagement, conduites éventuellement au poste, sous l'œil indifférent des passants et des voyageurs.

J'avais peur du bruit, du vent, de la pluie qui là-bas clapotait, de tout. J'avais encore suffisamment de fierté pour ne pas tendre la main. Le froid était saisissant. Comme chantait Damia, « faut l'habitude de la mistoufle, ça s'apprend pas comme ça ». Mais quand le soir tombait, il fallait bien dormir. Aussi, fébrilement, l'angoisse, la rage et la honte au cœur, je composais le 115. Il s'agit d'un numéro de régulation gratuite, accessible vingt-quatre heures sur vingt-quatre et sept jours sur sept, donnant une réponse en direct. Il reçoit par jour un nombre d'appels estimé entre 1 100 et 1 500 en moyenne, ce qui est considérable, à tel point qu'avant d'atteindre le standard, il vous est diffusé une musique d'attente. Lorsque chaque matin je composais ce numéro, je me demandais avec inquiétude où j'allais dormir.

J'ai connu pendant une courte période les foyers d'accueil du 115. Mais peut-être ignorez-vous ce que c'est. Figurez-vous des masures sombres, puantes, glaciales, à côté de cours encombrées d'immondices ; c'est dans ces tanières que s'entassent des créatures humaines, jusqu'à cinquante personnes dans un dortoir, des paillasses à même le sol, chacune séparée des autres par des paravents ou des canisses, où se côtoient l'alcoolique, le drogué, le chômeur, le travailleur qui ne gagne pas assez ou qui n'a pas suffisamment de garanties pour avoir un logement à lui, tout cela générateur de promiscuité, de tensions, de violences, avec en plus la crainte du « flic », puisque apparemment cela ne gêne pas certains magistrats du parquet d'établir des réquisitions pour permettre à des forces de l'ordre de faire la chasse aux clandestins, mais que voulez-vous, il faut bien que les quotas, les objectifs de chiffre soient respectés.

Et l'angoisse de trouver un coin où dormir le soir, avec le risque de suppression des lits, au motif d'une supposée amélioration du temps ; par exemple, une simple décision municipale suffit à supprimer des lits d'accueil.

Au petit matin, courbatu, les yeux mi-clos, les traits tirés, il fallait retrouver la rue. Éviter de passer devant les bars ouverts, l'odeur du café chaud étant une torture pour qui n'a pas les moyens. Éviter de passer devant les viennoiseries, les effluves des croissants chauds viennent vous narguer les narines et vous pousseraient au vol à l'étalage…

C'est là que j'ai touché la misère du doigt.

C'est là que j'ai compris que la pauvreté est une maladie du corps social, comme la peste, le choléra, la lèpre, le sida, le cancer sont ou ont été des maladies du corps humain. Il n'est point besoin d'aller en Inde, en Afrique, au Pakistan pour savoir jusqu'où elle peut aller, elle est à nos portes, à Paris, Lille, Marseille, dans toutes les villes et dans tous les villages. Elle n'épargne personne, elle peut happer qui que soit, sans distinction de cursus, de nationalité, de race, de religion. J'avais connu depuis août 2008 la prison, je connaissais désormais la misère ; du gouffre qui peut être grandiose, sublime, je tombais dans un trou. Le trou ne peut être que fangeux, immonde. On peut sortir d'un gouffre et aller vers la lumière, jamais d'un trou… On assiste à un glissement sémantique. Certains mots font peur, on ne parle plus de misère, mais de précarité, d'exclusion ; on ne parle plus de miséreux, de clochards, de vagabonds, de chemineaux, on se sert du sigle SDF.

En France, on a éradiqué la peste et la lèpre. Il serait souhaitable que la misère le fût aussi. Tel doit être l'objectif des gouvernants et du législateur, de tout à chacun. La misère sociale est une géante.

Connaître la misère, toute la misère, la plaindre, la soulager, la guérir, c'est utile. À qui ? À ses victimes, certes, mais pas uniquement. Aux heureux, puissants et privilégiés. Et peut-être encore plus à eux qu'à quiconque. Ôter la misère, c'est ôter l'envie, ôter l'envie, c'est ôter la haine. Ôter la haine, c'est sauver le monde. Dans notre période troublée, ce serait sauver le monde.

Que l'on prenne garde à la comparaison. L'appétit des puissants donne faim aux misérables. Que celui qui perçoit des stock-options, des *subprimes*, des salaires mirifiques se pose une fois honnêtement la question : « Dans les fêtes que j'organise, dans les vacances pharaoniques que je m'octroie, dans l'étalage des bijoux, des voitures, combien ai-je foulé aux pieds d'existences, de femmes, d'enfants, d'hommes ? Combien en ai-je méconnus ? »

Mais il ne s'agit pas uniquement de plaindre, de soulager, d'amoindrir, de circonscrire l'indigence. Le peuple n'a que faire des aumônes, car faire l'aumône, c'est encore avilir. Il faut la détruire. Il faut que la société mette toute sa force, sa sollicitude, son intelligence, sa volonté pour que de telles choses n'existent plus. Plus de malheureux du tout, c'est une chimère ; le moins de malheureux possible, c'est la sagesse.

Sinon, prenez garde ! Il est temps de dénoncer cette misère qui n'est pas seulement l'agonie du pauvre, mais qui deviendra la mort du riche. La pauvreté n'est pas seulement la souffrance de l'individu, elle est aussi son anesthésie, car certains sont malheureusement résignés, s'y complaisent, « de toute façon, on ne connaîtra rien de mieux ».

Il faut que les privilégiés se souviennent de l'Histoire, qu'ils se souviennent que c'est la misère, l'indigence, le déficit budgétaire, le refus de perdre ses privilèges, le trop grand déséquilibre qui ont fait les jacqueries. 1789 a conduit à 1793, l'un ne va pas sans l'autre, la Révolution française est un bloc.

Voilà les réflexions que m'a inspirées la situation nouvelle que je connaissais.

11

Vers une nouvelle destinée

> « Il faudra qu'on me laisse vivre après m'avoir fait tant mourir. »
>
> Théophile de Viau

Le hasard n'existe pas, il n'y a que le destin, la fatalité ou le *fatum*. J'habitais à Lille depuis quelque temps lorsque, empruntant ce jour-là les couloirs du métro lillois, j'ai rencontré un ami que je n'avais pas vu depuis longtemps. Il s'agit de Jean-Michel. Si je ne l'avais pas croisé ce jour-là, je n'aurais pas eu la force de me battre, de remonter le courant. Si je n'avais pas eu cette force, cet ami ne m'aurait pas recontacté et ne m'aurait pas mis en relation avec une de ses connaissances, Marie-France. Grâce leur soit rendue.

Revenons à ma remontée.

Merci à Marie-France qui m'a fait connaître l'analyse transactionnelle. Qu'est-ce donc ? L'analyse transactionnelle est un outil de compréhension et d'évolution : compréhension des comportements humains et de l'influence de ceux-ci sur le comportement de nos proches.

Elle prend pour postulat qu'il existe en chacun de nous trois parties, trois états différents de ce que la psychologie appelle notre moi, c'est-à-dire la part la plus accessible de notre psychisme ; c'est ce qu'on nomme les trois états du moi [15].

Grâce à cet outil, j'ai repris confiance en moi. J'ai tenté de comprendre les tenants et les

---

15. Selon Éric Berne, psychiatre américain et fondateur de l'analyse transactionnelle, notre moi se décompose en trois états. 1. *Le moi parent* qui lui-même se subdivise : parent normatif, lequel contient les règles, les normes, les opinions, les valeurs, les préjugés, les comportements d'autorité, de domination sur les autres ; parent bienveillant, lequel contient des modèles de comportement protecteurs, sécurisants, encourageants, compréhensifs, permissifs non seulement à l'égard des autres, mais encore de soi-même. 2. *Le moi enfant* qui lui-même se subdivise : enfant adapté qui se caractérise par l'adaptation aux besoins des autres et génère une soumission, un effacement et une dévalorisation, mais aussi par la prise systématique du contre-pied ; enfant libre qui se définit par le fait qu'il exprime spontanément ses besoins, ses émotions, ses sentiments. 3. *Le moi adulte.* Tout être humain possède aussi la capacité de percevoir des notions par lui-même, d'y réfléchir, de les évaluer, de les analyser, de les confronter entre elles, de faire des déductions, de comprendre.

aboutissants de tout ce que j'avais vécu jusqu'à présent, tant sur le plan professionnel que personnel.

Au moment où ces lignes sont écrites, je suis en attente de la décision du Conseil supérieur de la magistrature.

Même si, au cours de la procédure administrative, j'ai fait preuve de sincérité, manifesté des regrets quant à mon attitude considérée comme contraire à celle d'un magistrat, si certains supérieurs ont su mettre en exergue certaines qualités professionnelles, alors que des juges et des parquetiers ont été réintégrés pour ces motifs[16], moi, j'ai été incarcéré, et en conséquence, je ne peux qu'être révoqué.

Même si le CSM a estimé que ne saurait être retenu – sous peine de porter atteinte à la présomption d'innocence qui constitue l'une des règles essentielles du droit disciplinaire – le simple fait d'être mis en examen pour justifier une sanction, il a également affirmé que les deux procédures étaient indépendantes.

16. CSM 10 décembre 1970, CSM 11 juin 1996, CSM 19 janvier 2001.

Oui, j'ai appelé l'enquêtrice d'une affaire pénale concernant un ami, ou considéré comme tel.

Oui, j'ai écrit des brouillons de lettres au bénéfice d'amis, de particuliers inconnus (les jurés) afin qu'ils puissent recueillir le bénéfice d'annulations de contraventions (pour stationnement, je persiste).

Le magistrat instructeur traduira : « A reconnu les faits. » Bigre…

Ils vont me crucifier, me clouer le gésier…

S'ils en avaient la possibilité, ils m'estrapaderaient, me mettraient les brodequins, me mettraient au pilori, m'écartèleraient, m'ébouillanteraient, me marqueraient au fer rouge…

Le CSM intervient pour sanctionner les magistrats qui ont eu des comportements déviants.

A été sanctionné le magistrat condamné pour une conduite en état alcoolique [17], de même que celui qui s'est livré à des caresses et attouchements sur mineure de 15 ans [18].

Lorsqu'on est magistrat, il est interdit d'avoir des relations amicales, extraprofessionnelles avec

17. CSM 11 mai 2000.
18. CSM 11 janvier 2001.

des délinquants, quand bien même ces relations seraient antérieures. Un parquetier s'est vu reprocher le fait de continuer à s'immiscer dans une affaire dont il avait été déchargé et de ne pas avoir rompu ses relations avec la personne alors que cette dernière était détenue[19]. Cela entre dans la catégorie des relations incompatibles avec la fonction de magistrat.

Il en a été de même pour celui qui s'est montré en compagnie de personnes notoirement connues pour ne pas mener une vie privée ou publique exempte de reproches[20].

Ont été considérés comme des manquements aux devoirs de l'état de magistrat et comme portant atteinte à la crédibilité et à l'autorité judiciaire les faits de ne pas déclarer ses revenus pendant trois ans, de ne pas s'acquitter de sa taxe d'habitation[21], de ne répondre à aucun avis ou lettre de relance.

Ou bien encore a été sanctionné le magistrat qui avait souscrit une promesse d'achat notariée et un engagement de caution à l'égard d'un couple, alors qu'à la date de ces engagements les

19. CSM 30 mai 1997.
20. CSM 17 juin 1965.
21. CSM 2 avril 1999.

capacités financières de l'intéressé étaient au plus bas.

Ont été considérés comme contraires à l'honneur, à la délicatesse ou à la dignité les faits de délivrer des attestations de complaisance, d'émettre des chèques sans provision[22], d'établir une reconnaissance de dette sans objet, de ne pas procéder au règlement d'une facture dans un délai raisonnable[23].

A été sanctionné le magistrat s'étant placé dans un état d'insolvabilité notoire au sein même de la juridiction où il exerçait ses fonctions[24].

Un magistrat a pu se voir reprocher son comportement lié à une dépendance alcoolique, laquelle a été à l'origine d'incidents publics, graves et répétés au sein de la juridiction où il venait de prendre ses fonctions, donnant de sa personne et de l'institution judiciaire une image dégradée[25].

De la même eau, si j'ose dire, a été considéré comme manquant gravement aux devoirs de son état et à la dignité qui y est attachée le magistrat qui, tant au sein du tribunal qu'à l'extérieur de

22. CSM 21 juin 1962.
23. CSM 2 juillet 1992, CSM 17 juin 1965.
24. CSM 24 novembre 2005.
25. CSM 23 décembre 2004.

celui-ci, a été à l'origine d'incidents répétés liés à sa dépendance alcoolique ayant eu pour témoins des magistrats, des fonctionnaires, des auxiliaires de justice et des tiers, et qui, de ce fait, a donné, en ces occasions, de sa personne et de l'institution judiciaire une image dégradée, n'a pas démontré une réelle volonté de se débarrasser de son appétence alcoolique, malgré les nombreuses mises en garde qui lui ont été délivrées, les engagements solennels qu'il avait pris, l'aménagement de son service pour tenir compte de la situation, l'intervention du médecin de la prévention et le suivi médical[26].

Le CSM a même considéré que constituait une méconnaissance absolue de la plus élémentaire réserve et des règles de vie qui s'imposent à tout magistrat et portait atteinte à la dignité de son état le fait, pour un procureur de la République, d'avoir adopté dans sa vie privée un « comportement donnant lieu aux plus vives critiques et sujet de scandale, dès lors qu'il est devenu l'amant d'une femme aux mœurs légères, leurs relations étant connues de toute la ville, qu'il a fréquenté en compagnie de sa maîtresse des établissements mal famés où il a fait

26. CSM 20 avril 2004.

connaissance d'individus tarés *(sic)*, homosexuels *(sic)*, repris de justice [...], qu'il recevait à son domicile ses singulières relations *(sic)* au cours de réunions nocturnes troublant gravement le repos de ses voisins qui n'osaient pas se plaindre en raison de sa qualité de magistrat[27] ».

À côté de ces cas, hormis les hypothèses plus graves, certaines pratiques de juge d'instruction échappent à toutes critiques du Conseil supérieur de la magistrature. Et c'est d'autant plus important qu'une réforme prévoit, sous certaines conditions, la saisine du Conseil supérieur de la magistrature par les particuliers qui ont été victimes de dysfonctionnements de la justice. Avec la décision Burgaud, la haute instance semble avoir pris les devants en estimant qu'elle n'est pas là pour apprécier le travail des magistrats dès lors que d'autres instances juridictionnelles peuvent intervenir et censurer l'activité en question.

Par-delà cette censure administrative, j'attends également la sanction pénale. Il convient de rappeler que la Cour européenne des droits de

---

27. CSM 19 mars1965.

l'homme a estimé que cela n'était pas contraire à l'interdiction des doubles sanctions pour un même fait.

Certes, je conçois que ce qui m'est reproché peut être blâmable, qu'on ne m'aurait pas refusé les aides que j'avais sollicitées, que dans tous les cas il aurait mieux valu attendre soit de la pitié, soit une amélioration.

Pour alourdir l'accusation, voilà qu'il m'est aussi reproché une vingtaine d'« interventions » par an en matière de procès-verbaux de stationnement, à 11 euros pièce ! Au bénéfice de particuliers (jurés de la cour d'assises interdits de sortie pendant l'audience et empêchés d'aller remettre des pièces dans l'horodateur), et de magistrats aussi, eh oui…

Que celui qui n'a jamais péché me jette la première pierre… Quel magistrat, quel policier, quel personnage public, élu ou fonctionnaire, n'a pas, un jour, pratiqué l'intervention ?

Quel est l'écart, en valeur absolue, entre les PV déposés sur les pare-brise de France et ceux réellement payés et suivis (je ne parle pas des impayés, mais seulement des PV oubliés et enterrés, *de profundis…*) ?

Peut-on attendre, quand on est démotivé, en addiction, pris à la gorge, que nécessité fasse loi ?

On peut m'objecter que je pouvais attendre, que je ne mourrais pas de faim, que j'avais d'autres solutions, que je pouvais me priver de voir mes enfants.

Que malheureusement ou heureusement, l'homme est ainsi fait, qu'il peut souffrir longtemps et beaucoup, moralement et physiquement, sans mourir.

Que patienter eût mieux valu pour tout le monde, pour mes enfants et pour mes parents.

Que c'était un acte de folie de prendre au collet la société.

Que de brûler ce que j'avais adoré, servi, qui m'avait fourni du travail et un salaire pendant des années, que de me figurer qu'on sort d'une situation inextricable par une action blâmable était insensé.

Que c'était une mauvaise porte pour sortir de la difficulté que celle par où l'on entre dans l'infamie.

Bref, que j'ai eu tort.

Mais, dans le même temps, à supposer qu'il y ait eu faute, il ne faudrait pas que le châtiment soit féroce et outré. Il est nécessaire qu'il n'y ait pas excès de poids dans un des plateaux de la balance.

Mais les choses s'engagent mal. J'ai récemment fait l'objet d'une enquête de personnalité ; pendant trois heures, j'ai été interrogé sur mon enfance, mon adolescence, ma vie professionnelle, ma vie familiale, soit de 0 à 46 ans. Quand j'étais juge d'instruction, ce type d'investigations était réservé aux affaires de nature criminelle. Depuis, de l'eau a coulé sous les ponts et j'ai appris que les toxicomanes faisaient aussi l'objet de semblables recherches.

Lors de mon interrogatoire en date du 30 juin 2009, j'ai pu apprécier toute la relativité de l'amitié. Un ami ou soi-disant tel s'est quelque peu lâché, me qualifiant, je cite, de ripou, d'escroc, de magouilleur. Sans aucune justification ni preuve.

Il m'a rappelé que la moitié d'un ami, c'est la moitié d'un traître, que la mort du lion, c'est aussi la fête des mouches et des charognards.

Chez certains, il ne s'agit plus de se coucher, mais de s'aplatir, de se vautrer, d'être une balance ou une donneuse, cela doit relever de la vocation. Et, dans un sens, ils ont raison, il ne faut jamais contrarier les vocations, sinon cela fait des frustrés, des aigris. Depuis plus de soixante ans, la délation, la dénonciation sont devenues en France un sport national. On dénonce aux impôts, à l'inspection du travail, aux policiers, au ministre. On dénonce un étranger, un voisin, un concurrent, une ancienne maîtresse, un ex-amant. On pourrait suggérer d'inscrire cette discipline aux Jeux olympiques ; notre beau pays aurait des chances de médailles. Et là, pas besoin de se doper, que ce soit à l'insu de son plein gré ou en se faisant rouler une pelle dans une boîte de nuit, avec ou sans raquette. (Vichy persiste et signe…)

Néanmoins, est-ce que je lui en veux ? Je répondrai simplement que, depuis août 2008, on m'a jeté tellement de pierres que plus aucune ne m'effraie.

Sinon, l'interrogatoire a été tendu, et là c'est aussi, un euphémisme.

Petit conseil, ne donnez jamais l'impression à un magistrat que vous connaissez le dossier mieux que lui, cela peut froisser des susceptibilités.

Vous me direz : à quoi servent des susceptibilités si ce n'est à être froissées.

Quelques mots encore.

Depuis l'âge de 13 ans, je m'efforce de relire une fois par an *Les Misérables* de Victor Hugo. Ne crois pas qu'il s'agisse d'un TOC. Je précise que c'est d'ailleurs le premier livre que j'ai acquis à nouveau en maison d'arrêt.

Pourquoi un tel ressassement ?

D'abord parce qu'avec le temps la grille de lecture évolue.

Ensuite parce que c'est le livre d'un exilé.

Lorsque paraît cet ouvrage, simultanément à Bruxelles et à Paris, entre avril et juin 1862, Hugo achève sa onzième année de proscrit.

Depuis son bannissement par le régime impérial, il est condamné à vivre en solitaire sur une île de la Manche. Mais comme il l'écrit lui-même, il est l'« austère penseur ». Il est le fustigateur de Badinguet, le dénonciateur du guet-apens où ont chu la France, le droit, l'idéal.

Mais *Les Misérables* ne sont pas qu'un livre de circonstance ; contrairement aux *Châtiments*, le régime de Napoléon III est épargné.

Ce roman est le plus lu de tous ceux de Victor Hugo, l'œuvre de la langue française la plus universellement connue, l'une des plus adaptées au cinéma, au théâtre, en comédie musicale.

L'écrivain met en scène, en un vaste opéra social, les destins croisés de personnages que rien n'aurait permis de se rencontrer, qui vont néanmoins se rencontrer, s'affronter, s'aimer, s'associer.

Enfin, la courte préface datée du 1er janvier 1862 dresse l'inventaire des maux auxquels se plient « les misérables » : la « damnation sociale » qui créé artificiellement, en pleine civilisation des enfers, la « dégradation de l'homme par le prolétariat », la « déchéance de la femme par l'enfant », l'« atrophie de l'enfant par la nuit ». L'ouvrage apparaît de prime abord comme la tragédie de l'asservissement et de l'écrasement.

« La meule de l'ordre social les rencontre et les broie… » L'ordre social est ainsi conçu, selon Hugo, qu'il accable les êtres démunis, abaisse les pauvres au lieu de les élever, ruine les faibles au lieu de les sauver. C'est, ajoute-t-il, le « fait des lois et des mœurs ». Ainsi, par un monstrueux paradoxe, l'exercice du droit nie et ignore la justice, la bonne moralité ridiculise la morale. Hommes politiques, avez-vous seulement songé que les Thénardier sont le produit de l'ignorance, et d'elle seule ?

Dépassé, voire ringard, autant que *La Princesse de Clèves*, diront certains.

Que nenni ! D'ailleurs j'apprécie énormément, n'en déplaise, le roman de Mme de Lafayette.

Que me suis-je efforcé de décrire au cours de ces pages ?

Que, sous prétexte de rendement, d'efficacité, on tue le droit.

Que, au nom du leitmotiv de la protection des victimes, on réprime à tout va, sans pour autant protéger efficacement les victimes.

Que la justice est mise sous coupe réglée.

Que si la prison est un mal nécessaire, on y enlève la dignité de l'homme.

Que si la France ne peut pas accueillir toute la misère du monde, tout en faisant accroire aux étrangers que notre pays est un eldorado, on ne permet pas aux migrants d'exercer valablement leurs droits.

Que la mondialisation permet de donner naissance à de nouveaux esclaves, jetables et corvéables à merci.

À ce rappel il convient d'ajouter quelques observations complémentaires :

Que le respect doit toujours venir d'en haut.

Que, au nom de la rupture, on ne saurait admettre des « Casse-toi, pauvre con », « C'est pas joli, joli » « Viens me le dire en face »,

« Descends si t'es un homme », « Allez vous faire foutre », « Et ta mère »... (Ces deux derniers propos, dits avec le sourire et sur le ton de la rigolade, étant prêtés par *Le Canard enchaîné* à une ministre, maire d'un arrondissement de Paris, candidate aux élections européennes.)

Bref, pour parodier Mme du Barry qui disait, en s'adressant à Louis XV : « France, ton café fout le camp ! », on pourrait s'exclamer : « France, tes valeurs foutent le camp ! »

Mais cessons d'avoir un discours, pour reprendre une expression utilisée en analyse transactionnelle, de « parent normatif », essayons, pour utiliser une terminologie de la même discipline, de nous comporter en adulte.

Je souhaite, autant que faire se peut, que ce livre, en ayant mis le doigt, tout au moins je l'espère, sur un certain nombre de dysfonctionnements, de travers, ne soit pas totalement vain.

C'est aujourd'hui le 14 juillet. « La musique qui marche au pas, cela ne me regarde pas. » Je ne comprends toujours pas pourquoi la fête de la liberté a pour acteurs principaux des hommes politiques, des militaires et des engins de guerre.

J'étais hier à nouveau l'hôte du Conseil supérieur de la magistrature. De 10 heures à 13 h 30. Pas un des neufs « sages » qui me faisaient face n'a sourcillé à mes déclarations. J'en ai déduit qu'ils ne souhaitaient pas me suivre sur le terrain miné où je m'efforçais de les amener. Que de non-dits pudiques… En pénétrant dans cette salle où trône Napoléon, mon avocat Me Darrigade (quelle humanité, quel talent !) et moi-même avions adopté la stratégie du rien à perdre, dans la plus grande franchise et la plus grande dignité. J'aurais aimé partager ces vertus avec mes interlocuteurs. Las… Mon seul regret, et ce regret ne m'a pas quitté pendant ces heures, est de ne pas avoir démissionné il y a quelques années… Rappelez-vous, l'île de la Réunion…

À la fin des débats, micro en main, m'attendait Marie Peyraube, d'Europe 1. C'est cette journaliste qui avait interviewé Richard Virenque à l'époque. Me sont revenus immédiatement les propos de celui-ci : « La roue, elle tourne. » Quel clin d'œil du destin !

« À l'insu de son plein gré », cette jeune et belle personne venait de mettre fin à dix-huit années de magistrature, me faisant entrer dans une ère nouvelle pour moi. La vie n'est qu'une suite de cycles, autant inattendus que différents les uns les autres. La révocation ne faisait aucun doute, il fallait le constater. C'était fait.

Le meilleur reste à venir.

Je ne suis plus seul. Je le sais plus que jamais. Entendez-vous sourdre la révolte sous les robes noires ? Comment le pouvoir politique ne se rend-il pas compte qu'il risque très gros en allant trop loin ? Ce même jour, madame la garde des Sceaux est intervenue sans ménagement dans l'affaire du « gang des barbares », ménageant un lobbying apparemment puissant. Ce type d'événements ira crescendo, c'est évident. Comment désavouer la prise de position dans ce débat de l'avocat général Philippe Bilger, lequel jouit d'un prestige grandissant parmi ses pairs pour sa compétence, son humanité, sa lucidité, son sens immanent et permanent de la justice ? Il n'y eut qu'un Robert Badinter. N'y aurait-il qu'un Philippe Bilger ? La même trempe, le même niveau. *A contrario*, des notaires, des huissiers pourront devenir magistrats sans passer par l'ENM. Mais à condition que… suivez mon regard ! Justice, où vas-tu ?

À ce jour, je ne me sens pas l'âme revancharde d'un exclu banni par l'épouse Thémis. Mais il est vrai que, selon Ovide, elle est remontée au ciel depuis l'âge de fer, laissant les hommes face à leurs crimes et à leur dévoiement. Simplement, je la croyais beaucoup plus belle, plus vertueuse Et, surtout, imperméable aux chants des sirènes de l'argent, de la stratégie politique, de l'hypocrisie.

Tel n'est plus le cas.

Épilogue

« Tout finit bien parce que tout finit. »
Demi-jour, Jacques Chardonne

J'ai longtemps hésité pour l'exergue de ce dernier chapitre. J'aurais pu, eu égard au nombre de fois où l'on m'a posé la question « Et alors aujourd'hui ? », l'intituler « Aujourd'hui c'est quand ? » Mais il faut savoir conclure. Pour mémoire, Jacques Chardonne présente la particularité d'être un écrivain de droite extrême pour ne pas dire l'inverse qui a eu l'heur d'être encensé par le premier et pour l'instant l'unique président dit de gauche, François Mitterrand, lors d'une des dernières émissions culturelles, « Apostrophes ».

Depuis l'affaire d'Outreau, les auditions des magistrats sont publiques. D'où la présence des journalistes. À la fin de la séance devant le CSM, il m'a été notifié que la suggestion qui devait être transmise à la garde des Sceaux me serait communiquée le 21 juillet 2009.

Ce jour-là, en fin de matinée, le parquet de Lille, compétant en raison de ma résidence, me contactait afin de me convoquer pour la signification. C'est fou le progrès dans la communication des courriers ! Plus rapide que ça, cela n'existe pas. Plus vite que Jacques Mellick de Béthune à Paris.

L'avis, comme de bien entendu, sans surprise, était la révocation. La procédure concernant les magistrats du parquet veut que la suggestion soit transmise à la garde des Sceaux.

Dans ma naïveté, je pensais qu'il n'y avait pas péril en la demeure. Mais c'était oublier le Tour de France, celui-ci s'achevait le 26 juillet.

Alors que j'étais en train de lire *Tess d'Uberville*, Jean-Michel, la personne qui m'a aidé à écrire ces lignes, m'a contacté. Sur la route des vacances, il venait d'apprendre par la radio ma révocation, il était entre 15 et 16 heures.

Aux alentours de 18 heures, un parquetier de Lille m'a prié de venir signer la décision définitive que Michèle Alliot-Marie venait elle-même de signer à la hâte. Je lui ai rétorqué que j'en avais la teneur et que j'aurais préféré avoir été avisé par une autre voie que la presse. Le Tour 2009 tirait à sa fin. Si ce jour-là on ignorait encore qui gagnerait l'étape phare et finale des Champs-Élysées du surlendemain, madame la ministre, elle, entendait gagner l'étape finale de la place Vendôme avant les vélos. Courtoisie, respect, où êtes-vous ?

Ainsi, au bout de dix-huit ans, j'étais révoqué, viré, plaqué, jeté comme une vieille chaussette.

L'intendance ne suivant pas toujours, les documents de sortie que connaissent tous les licenciés (ou révoqués) de France ne me sont toujours pas parvenus en dépit de relances, ce qui m'interdit toute inscription ou démarche vers un organisme social ou professionnel.

Le couperet est tombé, mais ne tombera plus ou presque sur les forçats de la route. Le peloton est désormais assuré d'une impunité presque absolue, de par l'utilisation accrue de produits masquants. Par ricochet bien involontaire, le petit juge de Lille que je fus a quasiment obligé les laboratoires à développer leurs recherches sur des produits susceptibles de dissimuler la prise de leurs produits dopants. Bien entendu, chiffre d'affaires en forte hausse… En temps de crise, quelle aubaine ! Le beurre, l'argent du beurre et peut-être aussi le sourire de la crémière. Puis déclinaison et extension du marché vers les autres sports supposés propres où l'argent coule également à flots.

Tour de France, donc, retrouvant sa virginité, sa candeur sportive. Retour des sponsors qui s'étaient éloignés par pudeur. Par pudeur, comme j'aime ici cet euphémisme !

Quand le ciel est clément et que la température le permet, je me rends à la fosse aux lions.

Ne cherchez pas la fosse aux lions sur un plan si vous vous rendez à Lille. L'endroit a un autre nom. Il s'agit d'une immense place qui aurait pu être belle, faite de pelouses, de jeux d'enfants, d'arbres anciens. On aurait même pu y tirer des feux d'artifice. Jugez-en : de la terre fut rapportée d'une commune périphérique afin de bien niveler ces hectares de verdure. Las, cette terre contenait… des grenades oubliées d'une guerre mondiale passée, certaines en bon état de fonctionnement ! Que n'imagine-t-on pas pour distraire les bambins ? C'est peut-être la raison pour laquelle la municipalité lilloise a décidé d'emprisonner ce site par des grilles hautes de plusieurs mètres et peintes d'une couleur à faire vomir. D'où ce surnom de fosse aux lions. Je m'y rends donc assez régulièrement, et m'y pose.

J'ouvre un livre, mais ne trouve pas toujours la sérénité nécessaire à la lecture.

Les cris d'enfants qui jouent me font penser à mes trois rejetons que je n'ai pas vus depuis de longs mois et qui ont les mêmes jeux, du côté de Carcassonne…

Il m'arrive aussi de frémir au passage d'une maman qui ressemble à mon ex-épouse.

Au-delà des grilles, je devine les néons des brasseries avoisinantes. Je ne suis pas peu fier de me dire que je n'y entre plus. Je ne sais par quel miracle l'alcoolisme qui me dévorait m'a peu à peu laissé tranquille.

Quand la faim me tenaille, qu'il ne me reste plus un seul bonbon dans la poche, je marche. Sans destination, mais je marche. Longtemps et vite. La marche anesthésie la faim. C'est curieux, mais c'est comme ça. Comme il est impossible que je maigrisse davantage, ce régime forcé n'use que les semelles des souliers que je viens d'acquérir pour un peu moins de 10 euros. Il était temps ! Mes pieds n'avaient plus que mes chaussettes pour les protéger depuis que mes précédents mocassins avaient rendu l'âme depuis bien des kilomètres. Et, à Lille, les jours de pluie sont fréquents.

Une amie, Joëlle, m'incite souvent à invoquer et à solliciter mon ange gardien. Ai-je un ange gardien ? Je suis un agnostique invétéré. Comme interrogerait Jacques Chancel, « et Dieu dans tout ça ? »

Je n'ai pas de réponse précise à cette question. Je crois pourtant à l'homme habité. Sans une force inconnue et puissante, Beethoven aurait-il pu écrire le *Concerto en ré majeur* ? À l'heure où nous écrivons ces dernières lignes, je devine Jean-Michel pousser intérieurement un ouf de soulagement. Il me dit combien il lui a été difficile de m'arracher des bribes, voire des atomes de confessions affectives, que des dizaines d'heures d'entretien ont été nécessaires avant que je prononce le mot « aimer ». Il me dit combien la carapace fut épaisse et compacte. M'arrive-t-il de pleurer ? Oui, souvent, mais seul, loin de tout. La carapace, mais aussi la pudeur et ma timidité maladive…

Je me demande si lorsque j'étais enfant un représentant du destin ne s'est pas penché sur mon berceau et, comme pour Achille, ne m'a pas laissé le choix entre une carrière brève mais utile ou une carrière longue et satisfaisante dans sa progression, le prix à payer étant le respect de mes convictions et une gloire autant involontaire que fugace.

Jeudi 3 septembre, c'est la rentrée des classes. J'imagine Louis, Camille, Manon préparer leurs cartables, avec une petite angoisse au ventre, atténuée par la joie de retrouver leurs camarades, de partager avec eux leurs souvenirs de vacances. J'aimerais tant les accompagner autrement que par l'esprit.

Que ce livre fasse que mes enfants, un jour, comprennent leur papa, qu'ils en soient fiers. Alors, ces lignes n'auront pas été vaines.

Annexes

Notule 1
DE LA GARDE À VUE

La notification des droits est très importante lors d'un placement en garde à vue. Car c'est de l'accomplissement ou du non-accomplissement de ces formalités que va dépendre la validité de la procédure. Parfois, le travers que nous avons dénoncé, à savoir faire du chiffre à tout prix, peut conduire certains enquêteurs à oublier le respect des règles, ce qui peut se traduire par l'annulation de la procédure. C'est ce qu'il ne faut pas hésiter à demander face à l'inflation des textes venant restreindre les libertés individuelles au nom de la sécurité.

C'est ainsi que l'article 63-1 du Code de procédure pénale précise que « toute personne placée en garde à vue est immédiatement informée par un officier de police judiciaire, ou, sous le contrôle de celui-ci, par un agent de police judiciaire, de la nature de l'infraction sur laquelle porte l'enquête, des droits mentionnés aux articles 63-2, 63-3 et 63-4 ». Rappelons que l'information doit être immédiate. La jurisprudence est très stricte sur ce point. Le fait que l'interpellation s'effectue dans la rue n'est pas en soi suffisant pour différer cette notification, puisqu'elle peut être verbale. Il faut des circonstances très particulières et insurmontables [28] pour qu'elle soit différée. Ainsi en est-il si le service interpellateur ou la personne interpellée sont menacés. Il en va de même dans l'hypothèse d'une interpellation mouvementée, mais encore faut-il que ces circonstances insurmontables soient concomitantes avec l'impossibilité de notifier les droits. C'est ainsi que la chambre criminelle de la Cour de cassation a estimé qu'il n'y

28. Cass. crim. 19 décembre 2007.

avait pas de circonstances insurmontables à notifier les droits, quand bien même il y avait eu une course-poursuite, dès lors que la personne finalement interpellée à 23 heures et présentée immédiatement au commissariat ne s'est vu notifier ses droits que deux heures plus tard[29].

Parfois, c'est l'état de santé qui justifie le retard dans la notification des droits[30]. Dès lors, il est possible d'admettre que l'état de santé ne permet pas à l'intéressé de comprendre ses droits et que, si cette notification a néanmoins été effectuée, la procédure est susceptible d'être annulée. La preuve en incombe au prévenu et à son conseil.

Il est nécessaire que la personne soit en mesure de comprendre la portée de ses droits. Cela soulève le cas des personnes ne parlant pas français ; le texte précise que cette information doit être portée dans une langue comprise, y compris par le biais de formulaire. Cela peut poser un problème dans l'hypothèse où la personne placée en garde à vue est en état d'ébriété. Bon nombre de procédures ont été

---

29. Cass. crim. 31 mai 2007.
30. Cass. crim. 27 novembre 2007.

annulées dès lors qu'il était établi que la personne présentait un taux d'alcool trop important pour comprendre ce qu'on lui disait, et ce constat peut résulter notamment du procès-verbal d'interpellation sans qu'il soit nécessaire qu'il y ait des taux de relevés [31]. La jurisprudence considère même que, les officiers de police judiciaire ayant, en vertu des articles L. 234-4, L. 235-5, L. 234-8, L. 234-9 du Code de la route, la possibilité de garder à leur disposition des conducteurs, afin d'établir la preuve de leur état alcoolique, le temps strictement nécessaire à ces opérations, il n'y a pas lieu à appliquer, durant cette période, les textes relatifs à la garde à vue [32]. Il restera au prévenu et à son conseil d'établir que le temps où la personne a été retenue n'était pas strictement nécessaire.

De la même façon, l'article 63 du Code de procédure pénale dispose que, dès le placement en garde à vue, l'officier de police judiciaire a l'obligation d'en aviser le procureur de la République, et ce, à peine d'annulation de la

31. Cass. crim. 19 décembre 2007.
32. Cass. crim. 11 décembre 2007.

procédure. La chambre criminelle de la Cour de cassation est très stricte sur ce point[33].

Mais pour que ces droits soient notifiés, il est nécessaire que la personne soit placée en garde à vue. Tel n'est pas le cas de celle qui se présente spontanément aux services de police et qui, après avoir été entendue en tant que témoin, est placée en garde à vue. Ce n'est qu'à partir de ce moment que les droits doivent lui être notifiés[34].

On assiste néanmoins à une volonté de la Cour de cassation de limiter l'annulation de la procédure uniquement aux actes ayant eu pour support nécessaire la mesure annulée et il semblerait que la preuve de justifier en quoi les actes contestés ont pour support nécessaire l'acte litigieux incombe au prévenu et à son conseil[35].

L'article 144 du Code de procédure pénale spécifie que la détention provisoire ne peut être ordonnée ou prolongée que s'il est démontré, au regard des éléments précis et circonstanciés

33. Cass. crim. 7 janvier 2009, Cass. crim. 19 décembre 2007.
34. Cass. crim. 3 juin 2008, Cass. crim. 10 septembre 2008.
35. Cass. crim. 18 juin 2008.

résultant de la procédure, qu'elle constitue l'unique moyen de parvenir à l'un ou plusieurs objectifs suivants et que ceux-ci ne sauraient être atteints en cas de placement sous contrôle judiciaire :

1° Conserver les preuves ou indices matériels qui sont nécessaires à la manifestation de la vérité ;

2° Empêcher une pression sur les témoins ou les victimes ainsi que sur leur famille ;

3° Empêcher une concertation frauduleuse entre la personne mise en examen et ses coauteurs et complices ;

4° Protéger la personne mise en examen ;

5° Garantir le maintien de la personne mise en examen à la disposition de la justice ;

6° Mettre fin à l'infraction ou prévenir son renouvellement ;

7° Mettre fin au trouble exceptionnel et persistant à l'ordre public provoqué par la gravité de l'infraction, les circonstances de sa commission ou l'importance du préjudice qu'elle a causé. Ce trouble ne peut résulter du seul retentissement médiatique de l'affaire. Toutefois, le présent alinéa n'est pas applicable en matière correctionnelle.

Depuis la réforme Guigou, ce n'est plus le juge d'instruction qui décide le placement en détention provisoire, mais le juge des libertés et de la détention. Il ne s'agit pas d'une nouveauté, car il y eut à une époque un juge délégué. Mais un juge d'instruction, un juge délégué, un juge des libertés et de la détention reste un juge unique, tout comme l'est le juge d'instance. Certes, pourra-t-on dire, c'est sa solitude et son isolement qui sont le principe et la garantie de l'indépendance de ses actes.

Mais par-delà les critères légaux, voire les critères moraux ou d'opportunité, répétés jusqu'à l'incantation par les magistrats, viennent s'ajouter d'autres facteurs : conditions de l'organisation du travail, environnement social, interaction avec le mis en examen, morphologie et taille du tribunal, présences d'alternatives disponibles à la détention, jurisprudence locale.

Tout cela intervient dans le processus qui mène ou ne mène pas à la détention. Le juge des libertés et de la détention, tout comme naguère le juge d'instruction, n'est que le « maillon » de toute une chaîne qui peut aboutir ou non à une mise sous mandat de dépôt.

La détention provisoire se doit être abordée comme un fait social, au sens où l'entendait

Durkheim, c'est-à-dire comme un phénomène caractérisé par sa généralité et sa régularité. L'évolution et la variation du taux de détention provisoire correspondent bien à la définition de ce qui constitue, pour l'auteur des *Règles de la méthode sociologique*, un objet sociologique.

Il est désormais acquis que l'opportunité de la mise en détention provisoire est l'enjeu de représentations collectives différenciées, voire antagonistes, non seulement dans le champ judiciaire, mais aussi dans les différents champs d'activités sociales, dès lors que des acteurs y appartenant sont concernés (champ médiatique, champ sportif, champ politique, champ économique).

Cela étant éclairci, on comprend que les magistrats chargés du contentieux de la détention provisoire se raccrochent comme ils le peuvent aux textes.

En outre, il convient de rappeler que la Cour de cassation n'est que le juge du droit et non des faits. L'appréciation des éléments précis et circonstanciés résultant de la procédure, du ou des objectifs prévus à l'article 144 du Code de procédure pénale – conserver les preuves ou indices matériels qui sont nécessaires à la manifestation de la vérité ; empêcher une pression sur les témoins ou les victimes ainsi que sur leur famille ; empêcher une concertation frauduleuse entre la personne mise en examen et ses coauteurs et complices ; protéger la personne mise en examen ; garantir le maintien de la personne mise en examen à la disposition de la justice ; mettre fin à l'infraction ou prévenir son renouvellement ; mettre fin au trouble exceptionnel et persistant à l'ordre public provoqué par la gravité de l'infraction, les circonstances de sa commission ou l'importance du préjudice qu'elle a causé – échappe à son contrôle.

Ces critères vagues sont soumis à la seule appréciation des juges du premier et du second ressort. Mais leur conception correspond pleinement à des notions vagues, confuses, si ce n'est refoulées, des acteurs du monde judiciaire, puisque la détention provisoire intervient avant toute décision sur la culpabilité du mis en examen.

Il convient de rappeler la teneur de l'article 63 du Code de procédure pénale : « L'officier de police judiciaire peut, pour les nécessités de l'enquête, placer en garde à vue toute personne à l'encontre de laquelle il existe une ou plusieurs raisons plausibles de soupçonner qu'elle a commis ou tenté de commettre une infraction… »

D'une part, les choses sont claires, c'est à l'officier de police judiciaire, c'est-à-dire le policier ou le gendarme, et à lui seul qu'incombe la responsabilité de placer la personne en garde à vue.

D'autre part, il ne peut le faire que s'il existe une infraction. Mais dans la mesure où la garde à vue est une mesure coercitive, c'est-à-dire privative de liberté, il ne peut le faire que si la peine encourue est une peine d'emprisonnement. Or tel n'est pas toujours le cas.

En outre, comment concilier ce que les dirigeants présentent comme une baisse de la délinquance et la constatation de l'augmentation inquiétante des gardes à vue ? La raison en est simple et encore plus dérangeante. C'est une question de statistiques. Toute garde à vue est classée comme affaire élucidée.

Plus il y a d'affaires dites élucidées, plus le service enquêteur « a la cote ». Mieux il est vu, plus il a de moyens en personnel et en matériel, et moins il risque de disparaître. Telle est la priorité essentielle désormais, fût-ce au prix de la liberté et du droit. Gageons qu'« ils » organiseront bientôt un hit-parade ou un Top 50 des services répressifs, avec bonus attractif des meilleures rentabilités.

On retrouve cette importance du chiffre et du rendement pas uniquement en ce qui concerne les gardes à vue. On observe ainsi le développement de cette préoccupation dans l'inflation des procès-verbaux en matière de circulation.

Point n'est besoin d'être grand clerc pour s'apercevoir que les policiers et les gendarmes sont soumis à des quotas en ce qui concerne les stationnements, les excès de vitesse, les alcoolémies. Tout se fait sous prétexte d'assurer la sécurité des usagers de la route, mais il ne s'agit que d'un prétexte.

Ces procédures sont en effet plus aisées à exécuter que les autres, donc plus faciles à appréhender du point de vue des statistiques. Tous les rouages de l'État, toutes les administrations sont devenus collecteurs de revenus en tout genre. La République mal gérée argentophage s'est transformée en grand dragon argentovore...

S'agissant des gardes à vue, selon un rapport établi par l'Observatoire national de la délinquance publié le 12 mai 2009, le nombre de ces mesures coercitives a connu en cinq ans une hausse de 35,42 %, alors que le nombre des personnes poursuivies en justice augmentait de 25,56 %. Selon ce même document, 577 816 gardes à vue ont eu lieu en 2008 contre 426 671 en 2003, et le nombre des personnes poursuivies en justice est passé de 956 423 à 1 172 393 dans le même las de temps.

Mais ce que ne dit pas ce rapport, établi par un organisme proche du ministère de l'Intérieur, donc se devant de se gargariser, c'est que, la technocratie ayant peur du vide, il faut quantifier, tout comptabiliser. Aussi a-t-on pris l'habitude de recenser divers chiffres : dossiers entrés, dossiers sortis, personnes déférées, individus écroués. C'est le seul moyen qui a été trouvé pour contrôler l'activité du personnel policier et des services, certes bien avant le passage de Nicolas Sarkozy à l'Intérieur, mais depuis lors les choses ne se sont pas améliorées, loin s'en faut.

En outre, en six ans, le nombre des officiers de police judiciaire est passé de 20 794 à 25 984 (selon les calculs de l'UNSA, un des syndicats de police).

Enfin, toute affaire résolue est une affaire statistiquement sortie. En conséquence, en matière de dégradation de véhicules ou de vols, il suffit de la similitude du mode opératoire, de la proximité des lieux pour que plusieurs faits soient imputés à un même individu, sans que cela corresponde forcément à la réalité. Et c'est ainsi qu'à la suite d'une affaire établie on peut en avoir résolu cinq, dix. Ce qui fait gonfler les statistiques.

On voit donc que l'excès en tout est mauvais, car à force de mettre en avant le leitmotiv « Je veux protéger les plus faibles », on oublie l'article 3 de la Déclaration universelle des droits de l'homme qui dispose que « tout individu a droit à la vie, à la liberté et à la sûreté de sa personne ».

Dès lors, très souvent, le placement en garde à vue peut apparaître aux yeux du public disproportionné, sentiment suscitant une « dégradation continue des rapports entre police et citoyens », mise en exergue dans un rapport établi par la Commission nationale citoyens-justice-police créée en 2002 par la Ligue des droits de l'homme, le Syndicat de la magistrature et le Syndicat des avocats de France.

Un exemple parmi d'autres : je viens de lire – la presse télévisuelle ne semble guère en faire l'écho – qu'une personne avait « bénéficié » d'une telle mesure au motif d'un SMS douteux : « T'as une idée pour faire dérailler un train ? » Le procureur a présenté cela comme une mesure habituelle. Que l'on ne soit pas naïf. Peu importe la façon dont l'information est parvenue sur le bureau.

Ce qui est certain, et je me réfère à mon expérience, c'est que le procureur a avisé le parquet général qui lui-même a tenu informée la chancellerie, cette dernière a donné des instructions au parquet général qui les a répercutées au procureur. Pas de liberté d'action, pas d'indépendance en la matière.

Notule 2
DE LA PRIVATION DE LIBERTÉ

Sur les moyens de s'assurer de la sécurité d'un détenu ou d'une personne interpellés, quelques petits rappels de textes s'imposent.

Article 803 du Code de procédure pénale : « Nul ne peut être soumis au port des menottes ou des entraves que s'il est considéré soit comme dangereux pour autrui ou pour lui-même, soit susceptible de tenter de prendre la fuite. »

Article D. 283-4 du Code de procédure pénale : « Dans les conditions définies par l'article 803, et par mesure de précaution contre les évasions, les détenus peuvent être soumis au port des menottes ou, s'il y a lieu, des entraves pendant leur transfèrement ou leur extraction, ou lorsque les circonstances ne permettent pas d'assurer efficacement leur garde d'une autre manière. »

Article D. 294 du Code de procédure pénale : « Des précautions doivent être prises en vue d'éviter les évasions et tous autres incidents lors des transfèrements et extractions de détenus. Ces derniers sont fouillés minutieusement avant le départ. Ils peuvent être soumis, sous la responsabilité du chef d'escorte, au port des menottes ou, s'il y a lieu, des entraves, dans les conditions définies à l'article D. 283-4. Au cas où un détenu serait considéré comme dangereux ou devrait être particulièrement surveillé, le chef d'établissement donne tous les renseignements et avis nécessaires au chef de l'escorte. »

De la confrontation de ces textes, plusieurs remarques s'imposent. L'article 803, texte législatif, prime sur les deux autres textes réglementaires. Le port des menottes n'est qu'une possibilité et ne s'impose que si la personne est dangereuse pour autrui ou pour elle-même, ou est susceptible de tenter de prendre la fuite. Mais, par facilité, ce qui ne doit être qu'une exception est devenu, au mépris des textes très clairs, la règle.

Qu'en est-il du recours des familles à la suite du décès de l'un de leur membre détenu, notamment en cas de suicide ?

Puisqu'on se place dans un cadre où le droit pénal règne en maître, quelques observations s'imposent : il est demandé, à l'échelon national, à l'ensemble des procureurs de la République d'ouvrir auprès du juge d'instruction une information pour recherche des causes de la mort. L'article 80-4 du Code de procédure pénale prévoit que « les membres de la famille ou les proches de la personne décédée peuvent se constituer partie civile à titre incident ».

Les membres de la famille ou les proches peuvent se constituer directement partie civile pour homicide involontaire.

Mais ne soyons pas hypocrites.

En effet, l'article 121-3 du Code pénal indique que « les personnes physiques qui n'ont pas causé directement le dommage, mais qui ont créé ou contribué à créer la situation qui a permis la réalisation du dommage ou qui n'ont pas pris les mesures permettant de l'éviter, sont responsables pénalement s'il est établi qu'elles ont, soit violé de façon manifestement délibérée une obligation particulière de prudence ou de sécurité prévue par la loi ou le règlement, soit commis une faute caractérisée et qui exposait autrui à un risque d'une particulière gravité qu'elles ne pouvaient ignorer ».

Comme on le voit, la responsabilité pénale d'un surveillant ou d'un directeur d'établissement pénitentiaire ne peut être engagée que s'il existe un texte réglementaire ou législatif prévoyant une obligation particulière, c'est-à-dire suffisamment précise et imposant un mode de conduite circonstancié, ce qui n'est pas le cas en l'état actuel de notre droit. Et quand bien même ce texte existerait, encore faudrait-il établir qu'il y a eu violation manifestement délibérée, ce qui n'est pas sans poser problème dans la mesure où cela fait référence au for intérieur et se heurte à un problème de preuve.

Certes, le texte fait par la suite abstraction de l'exigence d'une norme, mais, autre difficulté, il est nécessaire d'établir une faute caractérisée, c'est-à-dire d'un caractère bien marqué, affirmé, d'une évidence particulière, d'une intensité particulière. De plus, quand bien même la faute caractérisée serait établie, encore serait-il nécessaire qu'elle ait exposé autrui à un risque d'une particulière gravité, celle-ci résultant de la nature du risque et de son degré de probabilité élevé, ce qui signifie que le dommage qui s'est produit devait être prévisible. Enfin, il est mentionné que la personne « ne pouvait » ignorer ce risque. Si une personne n'était pas en mesure d'avoir eu connaissance de l'existence d'une situation de danger, elle ne pourra pas être condamnée sur ce fondement. Certes, il n'est pas nécessaire d'établir que la personne connaissait effectivement le risque, mais il ne suffira pas de constater que, du fait de ses fonctions, telles que surveillant ou directeur de maison d'arrêt, la personne aurait dû connaître ce risque.

Autre obstacle à se placer sur le plan pénal, et de taille celui-là. Si la responsabilité des personnes morales peut être engagée pénalement, l'article 121-2 du Code pénal exclut l'État.

Pendant longtemps, le juge administratif (c'est-à-dire en dernier recours le Conseil d'État) exigeait, pour que la responsabilité de l'Administration soit engagée, une faute lourde, ce qui ne pouvait être qu'un obstacle à l'indemnisation des familles. Néanmoins, pour la première fois, en 2003, le Conseil d'État a engagé la responsabilité des services pénitentiaires du fait du suicide d'un détenu, « conséquence d'une succession de fautes imputables au service ». On s'est demandé si cette accumulation équivalait à une faute lourde ou si c'était le premier pas d'une avancée pour l'abandon d'une telle exigence. Force est de remarquer que la haute juridiction administrative restait silencieuse sur la qualification de la faute, dès lors on pouvait considérer que cela valait renonciation implicite. C'est dans ce sens que s'est finalement prononcé le Conseil d'État dans un arrêt en date du 17 décembre 2008, estimant qu'une faute simple est susceptible d'engager la responsabilité de l'Administration pénitentiaire en cas d'atteinte à l'intégrité physique d'un détenu. En l'espèce, l'enchaînement de plusieurs circonstances, notamment les faiblesses du système d'évacuation des fumées et l'impossibilité pour les surveillants de nuit d'accéder rapidement au matériel de lutte contre l'incendie, « alors même qu'aucune des circonstances ne revêt le caractère d'une faute lourde dans l'organisation ou le fonctionnement du service de surveillance des détenus », a suffi à engager la responsabilité de l'État et à justifier qu'une indemnité soit versée aux requérants en réparation du préjudice subi. Pour de plus amples informations, je vous conseille de lire l'article de doctrine rédigé par Inna Shveda, « Le juge administratif et la protection des droits garantis aux détenus », consultable sur Internet[36].

Il est symptomatique que le législateur se soit limité à prendre des résolutions pour des commissions d'enquête sur les conditions de vie des détenus, sans qu'il y ait eu la moindre velléité d'organiser un régime d'indemnisation systématique, mais il ne faut pas se voiler la face, cela n'intéresse personne.

36. www.net-irisfr/veille-juridique/doctrine/21601

L'article 2 de la Convention européenne des droits de l'homme dispose que le droit de toute personne est protégé par la loi. C'est sur le fondement de ce texte que le 1er juin 2006 la France a été condamnée par la Cour européenne des droits de l'homme dans l'affaire Pascal Taïs (1993), suite à la mort d'un détenu dans sa cellule. C'est pour violation de cette disposition que le Royaume-Uni a été condamné dans l'affaire Keenan en 2001. Or on peut se demander, alors que le ministère de la Justice et celui des Affaires étrangères disposent de services chargés du suivi de cette jurisprudence, comment il se fait qu'il y ait, de la part des personnes qui ont la responsabilité de faire respecter la jurisprudence de la Cour européenne, une telle ignorance des obligations de l'État français en vertu de la Convention européenne des droits de l'homme. La France a par ailleurs été condamnée le 16 octobre 2008 dans l'affaire Renolde.

De fait, la France a été condamnée à de nombreuses reprises : 69 fois en 2006, notamment sur le fondement de l'article 3 de la Convention européenne des droits de l'homme. Ce texte stipule que nul ne peut être soumis à la torture ni à des peines ou traitements inhumains ou dégradants. C'est ainsi que, le 24 octobre 2006, l'État a été condamné à raison de l'impossibilité pour le requérant, paraplégique, de circuler par ses propres moyens dans la prison de Fresnes.

Mais pour que la Cour européenne des droits de l'homme soit saisie, encore faut-il que les requérants aient épuisé tous les recours devant les juridictions nationales.

Autre point de réflexion : les conditions d'hébergement.

La cour d'appel de Nancy, dans un arrêt en date du 1er mars 2007, a estimé que les conditions indignes de la détention tombaient sous le coup de la loi pénale, et plus précisément de l'article 225-14 du Code pénal, lequel précise que « le fait de soumettre une personne, dont la vulnérabilité ou l'état de dépendance sont apparents ou connus de l'auteur, à des conditions de travail ou d'hébergement incompatibles avec la dignité humaine est puni de cinq ans d'emprisonnement et de 150 000 euros d'amende ».

Les juges, suite à une plainte d'un détenu, ont estimé qu'il appartenait au juge d'instruction, abstraction faite de l'impossibilité légale de mettre en cause la responsabilité pénale de l'État, de vérifier dans chaque cas : 1) la réalité du caractère éventuellement incompatible avec la dignité humaine des conditions d'hébergement réservées à la personne détenue ; 2) l'abus reproché aux personnes physiques en position, notamment en raison de leurs fonctions, de le créer ou d'y mettre un terme ; 3) les causes d'irresponsabilité pénale, telles que la contrainte, l'ordre de la loi ou le commandement de l'autorité légitime, susceptibles d'être invoquées par les personnes auxquelles cet abus, à le supposer établi, serait imputable. Dès lors, le juge d'instruction se devait d'instruire.

Au rebours, la cour d'appel de Rouen, dans un arrêt en date du 3 avril 2008, a confirmé le refus d'instruire la plainte déposée contre X du même chef. Elle a considéré que les faits incriminés relevaient de l'appréciation du juge administratif et non du juge pénal. Elle a également fait valoir que les « dispositions réprimant le fait de soumettre une personne à des conditions d'hébergement, une forme d'exploitation de la personne hébergée suppose un certain enrichissement de l'exploitant des lieux, excluant ainsi la situation du détenu en matière carcéral ». Notons, pour en finir sur ce point, que l'intéressé avait déjà obtenu du tribunal administratif la condamnation de l'État pour faute à raison de ses conditions de détention au sein de la maison d'arrêt de la ville.

La Cour de cassation, par son arrêt en date du 20 janvier 2009, contre l'avis du parquet général, a rejeté le pourvoi du détenu aux motifs d'une part que les faits dénoncés n'entrent pas dans le cadre de l'article 225-14 du Code pénal et qu'en outre la partie civile n'établit pas que sa situation serait la conséquence d'une faute personnelle détachable de l'exercice des fonctions de l'une des autorités de l'Administration pénitentiaire, quelles que soient ses attributions, qui serait alors sortie du cadre de ses fonctions pour assurer l'exécution des titres de détention dans les conditions reprochées. La haute juridiction précise par ailleurs que les reproches faits au garde des Sceaux et à ses services déconcentrés de l'Administration pénitentiaire sont en relation directe avec l'exécution de son programme budgétaire voté par le Parlement et qu'ils ne peuvent dès lors, ès qualités de membres du pouvoir exécutif, être amenés à rendre des comptes devant l'autorité judiciaire et qu'il convient de rappeler que la responsabilité des membres du gouvernement, édictée par les articles 68-1 et 68-2 de la Constitution, ne peut être engagée que par une plainte auprès de la commission des requêtes, que la détention du requérant, directement liée à l'exercice de prérogatives de la puissance publique, exclut la responsabilité pénale de l'État, tout en reconnaissant par ailleurs que ne peut être contestée la réalité des mauvaises conditions d'hébergement dans les locaux de détention, induites par une surpopulation en milieu carcéral de nature à porter atteinte à la préservation de la dignité des détenus.

Il ne reste plus au requérant qu'à saisir la Cour européenne des droits de l'homme. Et ce, d'autant plus que, à l'occasion d'une action exercée par trois détenus devant le tribunal administratif de Rouen, le ministère de la Justice avait conclu au rejet de leur requête fondée sur le caractère indigne de leur « hébergement », notamment en raison de l'« absence de certitude quant au préjudice invoqué ». Il faut dire que la maison d'arrêt, ouverte en 1864, est dite « Bonne Nouvelle ». Néanmoins, la juridiction, le 6 mai 2009, a accordé à chacun 3 000 euros à titre de provision, faisant observer qu'ils étaient incarcérés dans des conditions qui n'assurent pas la « dignité inhérente de la personne humaine », soulignant que « les cellules ne disposent pas de la ventilation spécifique du cabinet d'aisances ni de cloisonnement véritable avec la pièce principale, précisant que les toilettes sont situées à proximité du lieu de prise des repas tolérées par l'Administration pénitentiaire, et indiquant la proximité et l'absence d'intimité qui en a résulté dans des cellules d'une superficie de 10,80 à 12,36 m^2 accueillant deux à trois détenus.

Notule 3
DE LA NÉCESSITÉ DE MAINTENIR LE JUGE D'INSTRUCTION

Une analyse simple et logique permet de déduire que l'article 64-1 du Code de procédure pénale est applicable aux délits flagrants à condition que soit encourue une peine d'emprisonnement. Autant dire que ce cas de figure correspond à une très grande majorité des délits traités quotidiennement par les tribunaux correctionnels dans le cadre de la comparution immédiate.

Dans un premier temps, aucune instruction n'avait été donnée par la chancellerie pour que le texte ne s'applique qu'aux crimes flagrants.

Certains avocats ont en conséquence invoqué la combinaison des deux textes pour soutenir l'irrégularité des procédures de garde à vue pour les délits flagrants qui n'avaient pas fait l'objet d'enregistrement vidéo.

Ils ont obtenu des succès, notamment devant les juges des libertés et de la détention saisis dans des dossiers d'étrangers placés en rétention administrative après leur garde à vue.

Le séjour irrégulier est un délit puni d'une peine d'emprisonnement qui est le plus souvent constaté en flagrance, lors par exemple d'un simple contrôle d'identité.

Ils ont été suivis par certaines cours d'appel.

Eh bien, les parquets ont reçu des instructions de faire systématiquement appel des décisions d'annulation des procédures.

Et comme cela ne suffisait pas, puisque les premières décisions de la chambre criminelle de la Cour de cassation ne sont attendues que pour le courant du mois de juin, le gouvernement a fait voter un article 133 au sein de la loi du 12 mai 2009 de simplification et de clarification du droit et d'allégement des procédures. Désormais, l'article 67 est modifié en ce sens : « Les dispositions des articles 54 à 66 sont applicables, au cas de délit flagrant, dans tous les cas où la loi prévoit une peine d'emprisonnement, à l'exception de celles de l'article 64-1. »[37]

Si la chancellerie était si sûre de son fait, on peut se demander pour quelle raison le changement a emprunté la voie législative.

On ne manquera pas de se demander ce qu'il adviendra de toutes les procédures antérieures au 12 mai 2009, puisque cet article 67 modifié ne peut avoir d'effet rétroactif.

Qu'on ne s'étonne plus si les magistrats ont été comparés à des « petits pois » (paroles d'un homme politique ayant accédé à la magistrature suprême en 2007, et non pas d'un champion du vélo portant maillot à pois).

Cela est à mettre en relation avec la volonté présidentielle de supprimer le juge d'instruction.

---

37. Publication au *JORF* n° 0110 du 13 mai 2009, p. 7920, texte n° 1.

Il n'est pas sûr désormais que l'action de la justice soit initiée dans des dossiers de corruption, de trafic d'influences ou d'abus sociaux susceptibles de gêner des dirigeants politiques, car le rapport Léger préconise le maintien de la subordination du parquet à la chancellerie.

Déjà, signe avant-coureur, la lutte contre la délinquance financière est en constante régression : 21 affaires ouvertes en 2008, contre 88 en 2007 et 101 en 2006. En 2009, seules 6 informations ont été ouvertes.

Les affaires significatives ces derniers mois – Antoine Zacharias-Vinci, Natixis-Caisses d'épargne, Bernard Madoff-BNP Paribas – font l'objet non pas d'instructions, mais d'enquêtes préliminaires où le parquet dispose de temps… à satiété. Laissons la poussière se déposer doucement…

Dans le cadre de l'enquête préliminaire, les investigations concernant Julien Dray se poursuivent alors que ce dernier a dû attendre plus de cinq mois pour avoir accès au dossier…

Autre moyen d'étouffer les affaires : depuis 2004, un filtre a été créé pour les constitutions de partie civile (rappelons que c'est de cette façon que l'affaire ELF avait été initiée) : le plaignant est d'abord tenu de passer par le biais du procureur de la République avant de saisir le doyen des juges d'instruction.

Rappelons également que les juges d'instruction et le parquet se sont opposés dans une affaire de « recel de détournement de fonds publics » concernant les présidents Omar Bongo du Gabon, Denis Sassou Nguesso du Congo, Teodoro Obiang de Guinée-Équatoriale, ou lors de la plainte de la direction du casino de Gujan-Mestras à l'encontre de Bernard Laporte pour favoritisme.

En outre, soulignons que le projet de suppression du juge d'instruction s'accompagne de celui d'interdire l'accès des juges aux lieux « susceptibles d'abriter des éléments couverts par la Défense nationale » et « aux locaux d'entreprises privées intervenant dans le domaine de la recherche ou de la défense », figurant dans la loi de programmation militaire pour 2009-2014.

Les suggestions de la commission Léger (qui entend étendre le plaider coupable à certaines affaires criminelles) renforcent dangereusement le pouvoir du ministère public et parachèvent une évolution, ou un « éternel retour », qui menace l'équilibre du système judiciaire. J'ai lu dans un journal abandonné sur un banc par un promeneur l'avis officiel du décès du juge d'instruction, dernier rempart d'indépendance et d'objectivité, et cet avis ne figurait nullement dans la rubrique nécrologique. Certes, déjà 90 % des enquêtes judiciaires sont déjà dirigées par le parquet sans passer par la case « juge d'instruction ». On a mis en avant la schizophrénie du juge d'instruction, lequel doit « instruire à charge et à décharge ». Mais cette obligation pèse sur tout juge du siège qui doit peser « le pour et le contre ». A-t-on bien lu dans ce fameux rapport que la direction d'une « enquête à charge et à décharge » est confiée au seul parquet ? Cette préconisation relève au mieux de la naïveté ; en effet, la vocation du ministère public est de mettre en mouvement l'action publique, c'est-à-dire de poursuivre et d'accuser. Peut-on sérieusement imaginer un seul instant qu'un procureur va mettre à mal une enquête qu'il a lui-même ordonnée ? En outre, ainsi que je l'ai précédemment exposé, la Cour européenne des droits de l'homme a rejeté l'appartenance du parquet à l'autorité judiciaire, laquelle n'est pas suffisamment indépendante du pouvoir politique. Certes, on entend des protestations, mais on peut se demander s'il ne s'agit pas de simples controverses de principe. Le fait d'avoir la possibilité d'exercer une pression sur le déroulement de l'enquête intéresse toute la classe politique. Rien de tel pour protéger une relation ou pour déstabiliser un adversaire.

Le rapport Léger, très certainement entériné, sera lourd de conséquences. Le parquet reprend la main. À charge, mais à décharge ?

Pour assurer l'équilibre minimal, le justiciable aurait droit à l'indépendance et à l'impartialité du ministère public, qui, répétons-le, est statutairement soumis au garde des Sceaux. Il devrait conserver sa liberté de jugement. Or nous avons vu que tel est loin d'être le cas.

Un dernier point sur ce rapport : le hasard fait tout de même bien les choses. Parmi les membres de la commission figure Me Thierry Herzog, excellent pénaliste mais aussi avocat de Nicolas Sarkozy. *Le Monde* rapporte dans son édition du mercredi 2 septembre 2009 que deux des membres de ladite commission ont bénéficié d'une promotion : le procureur de Lille a été nommé procureur général de Riom, la présidente de la chambre d'instruction d'Aix-en-Provence va occuper les mêmes fonctions à Paris.

Notule 4
DE L'AUTORITÉ DU CORPS JUDICIAIRE AU REGARD DU DROIT SOUS VICHY

Contrairement à une opinion répandue, le régime de Vichy n'était pas un État de « fait » usant de seuls moyens policiers et administratifs pour imposer son ordre autoritaire et bâtir sa révolution nationale.

Vichy a réussi sa politique antijuive grâce au travail des juristes et du droit. Sa répression politique s'est appuyée sur la justice et ses magistrats. Certes, il y a eu une évolution du régime vers des formes de justice sommaire dans lesquelles les juges professionnels tenaient de moins en moins de place, mais autant que faire se peut, le gouvernement de Vichy s'est efforcé d'avoir recours à la justice et à ses professionnels et de respecter les formes judiciaires et juridiques.

La justice est un enjeu de pouvoir parce qu'elle représente une contrainte de légitimation, nationale et internationale, avec laquelle tout régime se doit de compter et parce qu'elle offre des profits symboliques sans commune mesure avec toutes les autres formes de répression. Il ne faut pas oublier que Vichy a inauguré son avènement par le procès de Riom, par lequel il entendait sanctionner politiquement le régime précédent. Mais pour obtenir un surplus de légitimité tant au regard des citoyens qu'au regard de la communauté internationale, le gouvernement n'a pas choisi la voie souhaitée par les plus radicaux, l'exécution sommaire.

Autre but que le gouvernement de Vichy avait bien compris : dans la mesure où la justice consacre et disqualifie, il a fait appel à elle pour effectuer le partage entre le légal et l'illégal, la force légitime et la violence illégitime, entre l'action politique tolérée et ce qui relève de l'infraction de droit commun. C'est ainsi que l'on espérait transformer les anciens dirigeants de la République en responsables de la défaite et de la dissolution des mœurs, les résistants en terroristes assimilés à des criminels ordinaires.

C'est dans cet esprit que le Tribunal d'État jugeait tout autant les communistes que les trafiquants du marché noir, les « faiseuses d'anges », les voleurs de colis destinés aux prisonniers.

La justice devint le lieu privilégié de sélection des affaires et des inculpés au sein de chaque affaire, afin de produire des accusés idéaux, confirmant l'évidence de la représentation du monde et de la nécessité de la politique répressive de Vichy.

Afin de lutter contre une contestation de plus en plus importante, le gouvernement décida de mobiliser toute la publicité, la solennité, l'effet de systématisation de l'appareil et de l'apparat judiciaires pour produire des sanctions exemplaires, destinées à dissuader par la peur d'un châtiment implacable en même temps qu'à construire et à officialiser le caractère antinational de tout ce qui pouvait en saper les bases avec un élargissement de la notion de l'offense au chef de l'État. Les tribunaux n'hésitaient pas à interpréter de façon extensive, voire exagérée, les éléments constitutifs du délit.

Cela ne vous rappelle-t-il rien ?

Vous voulez des exemples : la poupée vaudoue, la publicité Ryanair, le tee-shirt « Tolérance zéro », le SMS « Si tu reviens, j'annule tout ».

À propos des poursuites à l'encontre de l'homme qui, lors d'un contrôle de police, avait crié : « Sarkozy, je te vois », il est à souligner que Luc Chatel a déclaré qu'il s'agissait d'un regrettable excès de zèle, précisant que la procédure avait été initiée par le tribunal de police.

Il convient de rappeler que le tribunal de police est une juridiction, qu'une juridiction ne peut se saisir elle-même, que les poursuites sont enclenchées par le procureur de la République, lequel est soumis au parquet général, lequel dépend de la chancellerie.

Déjà, sous Vichy, la chancellerie travaillait à conforter son autorité sur le corps judiciaire. S'agissant des sections spéciales, elle contrôlait spécifiquement la composition, « attachait le plus grand prix » à être informée de toutes les affaires susceptibles de leur être déférées afin de surveiller leur déroulement, exigeait des rapports systématiques sur leurs décisions. *Quid novi* ?

Elle multipliait les circulaires qui limitaient les pouvoirs d'organisation et d'interprétation des magistrats ou encore organisait une pression permanente en ne cessant de rappeler à l'ordre de la sévérité et de la célérité des tribunaux jugés trop lents ou trop cléments. Comme dans tous les pays, elle s'est appuyée sur la fraction de la justice qui lui est traditionnellement la plus soumise, le parquet, aux prérogatives renforcées et à la responsabilité explicitement engagée. Tout en mettant en avant leur discipline d'État, les responsables du parquet dispensaient la nouvelle politique répressive avec une grande part d'autonomie. Ils multipliaient les appels *a minima* contre les jugements les plus cléments. Ils jouaient le jeu de la répression exemplaire, préférant un non-lieu à une décision d'acquittement. *Ex nihilo, nihil.*

À méditer, à l'heure où l'on souhaite responsabiliser les magistrats !...

Dans la conception pétainiste de la division du travail répressif, le juge se devait d'afficher toute la rigueur de la loi, de prononcer des sanctions exemplaires, Pétain intervenait, pour sa part, pour corriger, selon son bon vouloir et dans la discrétion, la sévérité des peines. On n'en est pas encore là, mais les critiques politiques sur les décisions judiciaires fusent.

Un seul exemple : l'affaire Nelly Cremel, en juin 2005. Lorsqu'il apprend que l'un des présumés tueurs est en libération conditionnelle, le ministre de l'Intérieur de l'époque interpelle le ministre de la Justice en ces termes : « Que va-t-il advenir du magistrat qui a osé remettre un monstre pareil en liberté ? »

À l'époque de Pétain, sur le terrain, la gendarmerie et surtout la police encadraient de fait la justice. Les préfets ont vu leurs pouvoirs de droit et de fait renforcés : ils concurrençaient la hiérarchie du parquet, empiétant sur l'indépendance des magistrats du siège en les convoquant et en leur donnant des instructions, des recommandations, des encouragements, des félicitations, selon… Ils bénéficiaient d'un large pouvoir discrétionnaire de sanction qu'ils peuvent utiliser en amont ou en aval de celui des magistrats, en accord ou en concurrence avec celui de la justice.

À l'heure actuelle, on a tout fait pour que les 181 procureurs de la République et leurs substituts ne soient plus des magistrats garants de la liberté individuelle, mais se considèrent plutôt comme de simples préfets judiciaires soumis aux injonctions du pouvoir exécutif, dans les affaires sensibles comme en matière de lutte contre la délinquance.

Si la Constitution de la Ve République a soumis les parquetiers au pouvoir politique et leur a en même temps accordé une indépendance, puisque, « à l'audience, la parole est libre », force est de constater que, depuis 2002, la pratique de l'exécutif a nettement renforcé le lien hiérarchique. Rompant avec la pratique de la gauche entre 1997 et 2001, la majorité UMP a revendiqué le retour des instructions dans les dossiers particuliers, et je sais de quoi je parle puisque j'ai connu cette situation des deux côtés de la barrière, ainsi qu'un contrôle hiérarchique accru des procureurs par le garde des Sceaux. D'ailleurs, Rachida Dati a déclaré : « Je suis chef des procureurs. » Elle a annoncé à la presse que : « procureur n'est pas une profession libérale [...] Le procureur est là pour appliquer la politique, pour exécuter les décisions du garde des Sceaux et si ce n'est pas le cas, il faut le changer ». Et elle a qualifié, lors de ce qu'elle appelle un entretien informel, le corps des magistrats et des avocats de « sournois », ce qui a été repris dans le magazine *Entreprendre*[38].

Depuis 2004, le Code de procédure pénale permet au garde des Sceaux de donner des

38. *Entreprendre*, numéro 229, daté du 28 mars 2009.

instructions positives et des injonctions de poursuites. Cette perte d'indépendance vis-à-vis de l'exécutif est à relier à la dotation d'une autonomie professionnelle face aux juges du siège, au recours du travail en équipe, au traitement en temps réel des affaires pénales, aux modes alternatifs aux poursuites.

Le mouvement s'est accentué depuis 2007 : nomination contre l'avis du CSM de procureurs de premier plan, gestion contestée d'affaires médiatiques telles que celle de Tarnac, mutations controversées, convocation nocturne d'un procureur et de ses substituts de Sarreguemines après le suicide d'un mineur à la maison d'arrêt de Metz, convocation d'un vice-procureur après des propos tenus à l'audience à propos des peines planchers.

D'ailleurs, la Cour européenne des droits de l'homme ne s'y est pas trompée. Le 10 juillet 2008, à propos de l'interpellation de présumés trafiquants de produits stupéfiants, elle a affirmé que le procureur n'était pas un juge ou un autre magistrat.

Remerciements

À mon père et à son épouse, à mes avocats Me Darrigade et à Me Malgras, à Philippe Richard et à son épouse, à Walter et à Nathalie d'Armentières qui m'ont hébergé, à l'association Coloco et au Foyer d'Emmaüs d'Armentières qui ont contribué à me remettre en selle, à Marie-France et à son fils Guillaume, à Zohra K., aux détenus du quartier VIP de la Santé qui de septembre à novembre 2008 m'ont soutenu moralement, à mon éditeur et à l'ensemble de son équipe pour leur humanité et leur chaleur.

Sommaire

Collection « Coup de Gueule »
dirigée par Jean-Claude Gawsewitch

ADLER Alexandre, GOLDNADEL Gilles-William, *Conversation sur les sujets qui fâchent*
ALESSANDRO Guillaume D', *AZF : une vérité foudroyante*
BARDOLLE Olivier, *Éloge de la graisse*
BECK Christophe et Martine, *L'Otage oublié*
BOUZOU Véronique, *Ces Profs qu'on assassine*
BRIGHELLI Jean-Paul, *La Fabrique du crétin*
BRIGHELLI Jean-Paul, *À bonne école*
BRIGHELLI Jean-Paul, *Une École sous influence*
BRIGHELLI Jean-Paul, *Fin de récré*
CARLIER Guy, *La Vie, l'amour, le foot*
DAVID Anne-Marie, *Les Dessous cachés de l'hôpital*
DECÈZE Dominique, *France Telecom, La Machine à broyer*
DECÈZE Dominique, *Haute Tension à EDF-GDF*
DECÈZE Dominique, *Services publics, la grande braderie*
DECÈZE Dominique, *Gare au travail*
DELVAL Pierre, ZILBERSTEIN Guy, *La Contrefaçon, un crime organisé*
DERRIEN Caroline, NEDELEC Candice, *Sarkozy et les femmes, un homme sous influence*
FILOCHE Gérard, *Mai 68 : Histoire sans fin*
FILOCHE Gérard, *Les Caisses noires du patronat*
GAETNER Gilles, *Rachida Dati, et si on parlait de vous ?*
GAILLOT Jacques, *Carnets de route*
GUTHLEBEN Francis, *Scandales à France Télévisions*
JAHANCHAHI Amir, *L'Hitler iranien*
LE BRIS Marc, *Bonheur d'école*
MALAUSSÉNA Michel, *Les Animatueurs*
MALAUSSÉNA Michel, *Et Pourquoi pas Hollywood ?*
MAMÈRE Noël, FARBIAZ Patrick, *La Tyrannie de l'émotion*
MAMÈRE Noël, FARBIAZ Patrick, *Petits arrangements entre amis*
MAMÈRE Noël, HOLZMAN Marie, *Chine, on ne bâillonne pas la lumière*
MARTIGNY Jeannine, *Otages à perpétuité*
MASCHINO Maurice T., *Un Geste ordinaire*
MASCHINO Maurice T., *L'École de la lâcheté*
NASARRE William, *Confidences dérangeantes d'un homme d'église*
PUJOL Rosemonde, *Un Petit Bout de bonheur*
PUJOL Rosemonde, *Le Vingtième sexe*
PUJOL Rosemonde, *Juteuses Carcasses*
REGNIAULT François, *SNCF, la mutation impossible ?*
ROMAGNAN Barbara, *Du Sexe en politique*
SAPANET Michel, *Chroniques d'un médecin légiste*
SAUVAT Catherine, *Sœur Sourire*
SÉGUÉLA Jacques, *Tous ego*
SÉRANGE Régis, *Flic de supermarché*

Composition et mise en pages : FACOMPO, LISIEUX

Achevé d'imprimer sur rotative
par l'Imprimerie Darantiere à Dijon-Quetigny
en octobre 2009

Dépôt légal : novembre 2009
N° d'impression : 29-1439

Imprimé en France